职业教育汽车类专业一体化系列教材

汽车空调检测与维修一体化教程

主　编　甘堂忠　梁洪丹
副主编　卜乔生　付冬娟
参　编　周韦健　殷振波　张敬清
主　审　覃雨亮

机械工业出版社

本书根据教育部职业院校汽车运用与维修专业教学指导方案，国家职业标准汽车维修工—中级工标准中的汽车空调维修典型工作任务，根据工学结合一体化教学的需要编写而成的。本书在编写内容的组织上更加注重知识的实用性和可操作性，主要内容包括汽车空调部件检修与更换、汽车空调维护、汽车空调系统工作异常检修。

本书针对职业院校汽车类专业的培养要求及职业院校学生的特点，以工作任务为导向、工作过程作为学习过程，对一体化教学的开展具有重要意义。本书图文并茂、通俗易懂，可作为职业院校教材使用，也可作为汽车类专业培训教材和汽车空调专业维修技术人员自学用书。

为便于学生自学和教师的教学，本书配有免费电子课件。凡选用本书作为授课教材的教师，均可登录 www. cmpedu. com 以教师身份注册下载教学资源。咨询电话：010- 88379201，QQ：1006310850。

图书在版编目（CIP）数据

汽车空调检测与维修一体化教程/甘堂忠，梁洪丹主编．—北京：机械工业出版社，2020. 6（2024. 8 重印）

职业教育汽车类专业一体化系列教材

ISBN 978- 7- 111- 65282- 3

Ⅰ.①汽…　Ⅱ.①甘…　②梁…　Ⅲ.①汽车空调-检修-职业教育-教材　Ⅳ.①U472. 41

中国版本图书馆 CIP 数据核字（2020）第 063309 号

机械工业出版社（北京市百万庄大街 22 号　邮政编码 100037）

策划编辑：于志伟　责任编辑：于志伟

责任校对：樊钟英　封面设计：张　静

责任印制：单爱军

北京虎彩文化传播有限公司印刷

2024 年 8 月第 1 版第 4 次印刷

184mm×260mm · 7. 5 印张 · 179 千字

标准书号：ISBN 978- 7- 111- 65282- 3

定价：33. 00 元

电话服务

客服电话：010- 88361066

010- 88379833

010- 68326294

网络服务

机　工　官　网：www. cmpbook. com

机　工　官　博：weibo. com/cmp1952

金　书　网：www. golden- book. com

机工教育服务网：www. cmpedu. com

前　言

根据教育部职业院校汽车运用与维修专业教学指导方案，国家职业标准汽车维修工—中级工标准中的汽车空调维修典型工作任务，编者与行业、企业专家一起详细分析了汽车空调检测与维修实际工作过程，以此梳理并归纳出学习性的工作任务，并以此为学习任务编写了本书。此外，还以具体的工作过程为学习内容，以实际的工作环境为学习背景，精心组织了3个学习项目、12个学习任务。参加本书编写的人员有的来自教学一线、有的来自汽车维修行业，他们都具有丰富的教学及实践经验。在编写过程中，本书采用“以职业活动为导向，以能力为本位，以学生为中心”的编写风格，具体框架为：任务描述—学习目标—学习重点—学习难点—相关知识—信息收集—制订计划—实施计划—检查与考评—评价反馈—知识巩固。

本书采用理论与实践一体化的编写模式，把相关理论知识及学习方法和工作任务的实施与过程有机结合在一起，与职业技能标准对接，突出了学生专业技能、职业能力的培养，体现“以学生为主体，以职业需求为导向”的教育观，具有较强的针对性和实用性。

本书主要具有以下特点：学做结合，形式与结构新颖；任务典型，过程完整，安全与质量并重；理论适用，技能突出，步骤与方法明确；图文并茂，通俗易懂，授课与自学容易等。

本书由甘堂忠、梁洪丹担任主编，卜乔生、付冬娟担任副主编，参编的还有周韦健、殷振波、张敬清。全书由甘堂忠统稿，覃雨亮主审。

由于编者水平和经验有限，书中难免有错误和不妥之处，欢迎广大读者批评与指正，并提出宝贵的意见和建议，以便修订时加以完善。

编　者

目　录

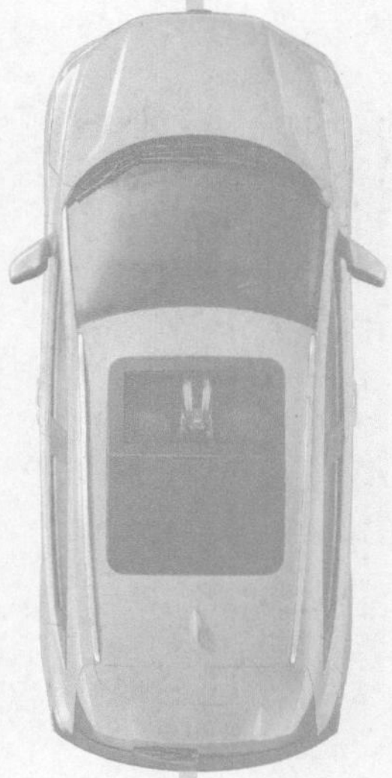

项目一

汽车空调部件检修与更换

本项目的学习内容主要是对汽车空调部件进行检修（检查）及更换，目的是让学生深入地了解汽车空调部件的基本结构及工作原理、掌握汽车空调部件的检修（检查）及更换方法，为后续的汽车空调维护和故障检修奠定良好的理论和实践基础。通过本项目的学习，学生应能按要求独立地完成汽车空调部件的检修与更换作业。

本项目包括以下学习任务：

任务 1　汽车空调压缩机检修与更换
任务 2　汽车空调冷凝器检修与更换
任务 3　汽车空调鼓风机检修与更换
任务 4　汽车空调制冷系统管路检查与更换
任务 5　汽车空调控制面板检查与更换

任务1 汽车空调压缩机检修与更换

【任务描述】

一辆宝骏510汽车，最近这段时间客户反映其空调制冷效果不好，经维修技师检查，初步判断可能是空调压缩机故障所致。现在，我们的工作任务是对汽车空调系统的核心部件——空调压缩机进行检查与维护，找到故障原因并排除故障。

【学习目标】

1. 能准确描述汽车空调压缩机的结构；
2. 能按要求完成汽车空调压缩机的检测；
3. 会填写工作页，记录检测结果。

【学习重点】

1. 能正确拆装汽车空调压缩机总成；
2. 能按要求完成汽车空调压缩机的检测。

【学习难点】

1. 能准确描述拆装汽车空调压缩机总成的步骤；
2. 能准确描述汽车空调压缩机的检测。

【相关知识】

汽车空调压缩机是汽车空调的核心部件，起着非常重要的作用。本任务以宝骏510汽车空调为载体，主要学习汽车空调压缩机的构造，掌握汽车空调压缩机的拆装及检测方法。

一、汽车空调压缩机的作用及分类

汽车空调压缩机是汽车空调制冷系统的“心脏”，起着压缩和输送制冷剂蒸气的作用。根据工作原理的不同，空调压缩机可以分为定排量压缩机和变排量压缩机两种。

根据工作方式的不同，压缩机又可分为往复式和旋转式，常见的往复式压缩机有曲柄连杆式和轴向活塞式，常见的旋转式压缩机有旋转叶片式和涡旋式。

二、汽车空调压缩机的工作原理

压缩机（compressor），是将低压气体提升为高压气体的一种从动的流体机械，是制冷系统的“心脏”。它从吸气管吸入低温低压的制冷剂气体，通过电机运转带动活塞对其进行压缩后，向排气管排出高温高压的制冷剂气体，为制冷循环提供动力，从而实现压缩→冷凝（放热）→膨胀→蒸发（吸热）的制冷循环。压缩机在发动机的驱动下，持续吸入蒸发器中吸热汽化产生的低温低压制冷剂蒸气，压缩后形成高温高压制冷剂蒸气，排至冷凝器，为制冷剂在冷凝器中持续凝结放热创造高压条件。同时，克服制冷剂在制冷回路中的循环流动阻力。

三、汽车空调压缩机的结构

斜盘式汽车空调压缩机的组成包括离合器总成、前盖、驱动机构总成和气缸体等，如图 1-1 所示。

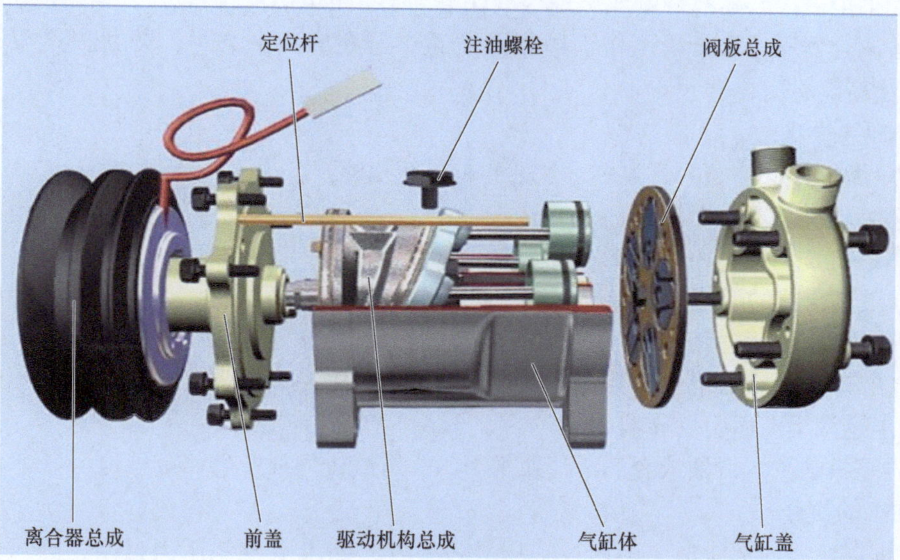

图 1-1　斜盘式压缩机结构图

旋叶式汽车空调压缩机的组成包括电磁离合器、头盖、回转体和外壳，如图 1-2 所示。

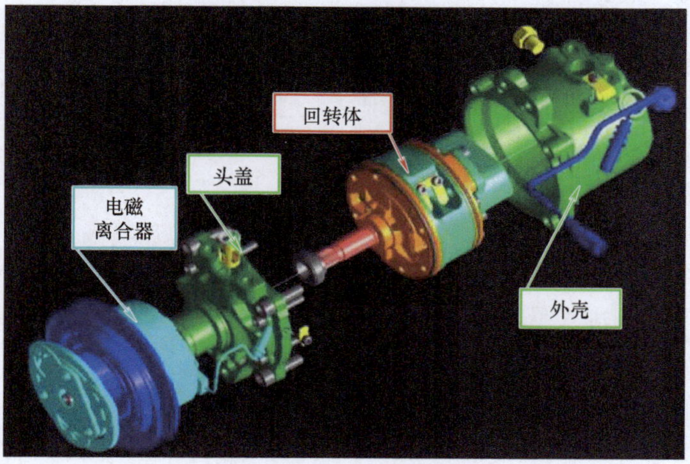

图 1-2　旋叶式压缩机结构图

四、汽车空调压缩机常见故障

空调压缩机作为高速旋转的工作部件，出现故障的概率比较高，常见的故障有异响、泄漏以及不工作等。

五、汽车空调压缩机的检修

1. 电磁离合器的检修

汽车空调压缩机电磁离合器故障的检修方法：

1）压缩机电磁离合器打滑，应起动发动机，打开空调进行检查；

2）如果电磁离合器有异响或出现打滑现象，应拆下电磁离合器进行分解检查；

3）若离合器压板和带轮工作面磨损不严重，可在磨床上磨平；若磨损严重、变形严重，则应换新电磁离合器。

2. 异响的检修

引起压缩机异响的原因有很多，常见的有以下几种：

1）压缩机电磁离合器损坏；

2）压缩机传动带的松紧度不符合要求；

3）电磁离合器的反复吸合造成压缩机出现异响，例如发电机的发电量不足，空调系统压力过高或者发动机负荷过大，造成电磁离合器反复吸合；

4）电磁离合器与压缩机安装面之间的间隙过小，电磁离合器工作时就会与压缩机安装面之间产生运动干涉而引发异响；

5）压缩机缺少润滑油或者润滑油使用不当，压缩机内部产生严重异响。

3. 漏气的检修

压缩机损坏，内部泄漏，可用歧管压力表检查。如果低压侧压力过高，高压侧压力过低，而且压缩机运转时有不正常的敲击声，压缩机高低压侧温差不大，表明压缩机存在阀片破碎、轴承损坏或密封垫破损等故障，应解体检修或更换压缩机。

六、空调维修注意事项

处理制冷剂时应注意的安全问题有：

1）不要在密闭的空间或靠近明火处处理制冷剂；

2）必须戴防护眼镜；

3）避免液体制冷剂进入眼睛或溅到皮肤上；

4）不要将制冷剂的罐底对着人，有些制冷剂罐底有紧急放气装置；

5）不要将制冷剂罐直接放在温度高于40℃的热水中；

6）如果液体制冷剂进入眼睛或碰到皮肤，不要揉，应立即用大量的冷水冲洗，还要立即到医院找医生进行专业处理，不要自己进行处理。

【信息收集】

一、现场感受任务描述中的情景，把观察到的现象用几个关键词写出来。

二、明确工作任务，收集信息。

1. 我们的学习任务是什么？汽车空调压缩机的检测项目有哪些？

1）学习任务：

2）汽车空调压缩机的检测项目：

2. 为顺利完成本学习任务，请按要求完成下列信息的收集。

1）查阅维修手册，该发动机的型号是＿＿＿＿＿＿，压缩机的型号是＿＿＿＿＿＿，制冷剂的型号是＿＿＿＿＿＿。

2）认识宝骏 510 汽车空调压缩机组成部件，包括＿＿＿＿＿＿、＿＿＿＿＿＿、＿＿＿＿＿＿、＿＿＿＿＿＿、＿＿＿＿＿＿、＿＿＿＿＿＿、＿＿＿＿＿＿和＿＿＿＿＿＿。

3. 写出汽车空调压缩机总成拆装的步骤（进行排序）＿＿＿＿＿＿。

A. 安装车辆防护装置

B. 进行空调压缩机拆装作业

C. 回收工量具，清洁场地，完成收尾工作

D. 记录待检查车辆基本信息

E. 进行作业环境检查

4. 查找相关知识，完成表 1-1。

表 1-1　压缩机检修作业表

步　骤	工 作 内 容	参 考 图 示	技术要求或要领
步骤一	拆卸传动带		

（续）

步　骤	工作内容	参考图示	技术要求或要领
步骤二	释放系统压力	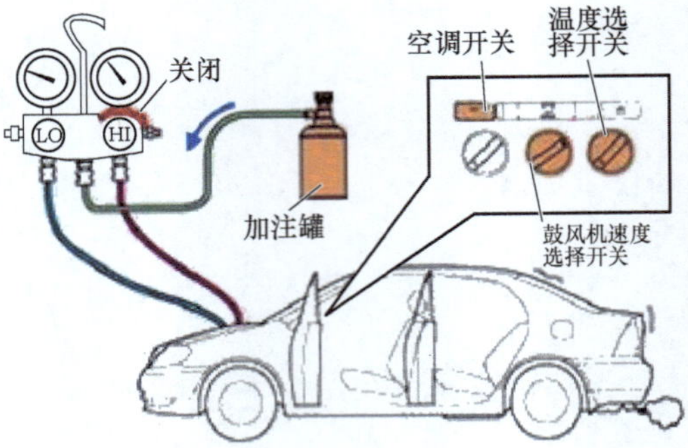	
步骤三	拆卸压缩机	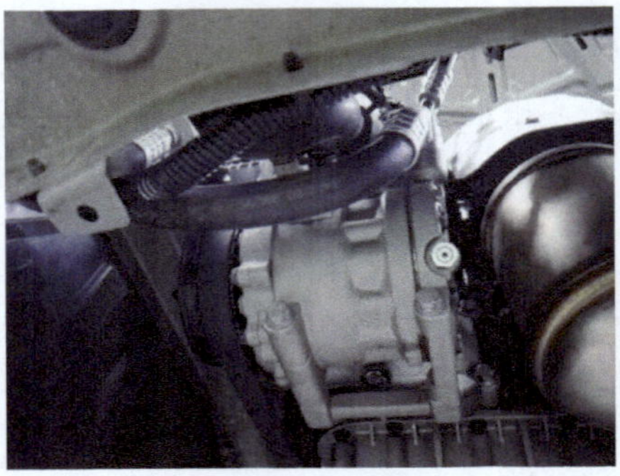	
步骤四	拆卸电磁离合器		
步骤五	检测电磁离合器		

（续）

步　骤	工作内容	参考图示	技术要求或要领
步骤六	检测电磁离合器轴承		
步骤七	检测压缩机是否泄漏		

【制订计划】

一、制订汽车空调压缩机的拆卸计划。

二、制订汽车空调压缩机的更换计划。

三、制订汽车空调压缩机的检修计划。

四、请在表 1-2 中选择在检修中可能用到的工量具（在对应的选项中打√即可）。

表 1-2　工量具选择

工量具名称	选　择	
压力表组	□可能	□不可能
回收加注机	□可能	□不可能
真空泵	□可能	□不可能
套筒扳手	□可能	□不可能
十字螺钉旋具	□可能	□不可能
一字螺钉旋具	□可能	□不可能
手电筒	□可能	□不可能
其他（请填写具体名称）		

五、要完成本工作任务，你认为下表中哪些事项是必须要遵守的，请在表 1-3 相应的位置打√。

表 1-3　操作注意事项

注 意 事 项	选　择	
工量具整齐摆放	□是	□否
零件不落地，工量具轻拿轻放	□是	□否
工量具使用前要清洁，使用后要保养	□是	□否
及时记录测量数据	□是	□否
维修工作完成后需要进行工作现场“6S”	□是	□否
其他		

六、明确成员的工作任务，完成表 1-4 中的内容。

表 1-4　任务分工表

序　号	组　长	记 录 员	操 作 员	备　注

【实施计划】

一、作业前的准备

1. 进行作业环境检查

汽车空调压缩机在进行拆检作业时，为确保人身与财产安全，在开始作业之前，请检查作业场地条件，并填写表1-5，以保证作业的安全与规范。

表1-5　作业环境检查表

序　号	检查项目与内容	检查结果
1	作业场地是否通风良好	
2	作业场地有无明火	
3	作业场地有必要的安全防护设施，如防护手套、防护眼镜、灭火器材等	
4	车辆停放周正，车辆停放区域内无异物	

2. 安装车辆防护装置，记录车辆基本信息

在进行汽车空调压缩机检修与更换之前，首先要记录车辆的基本信息，同时安装必要的车辆防护装置，将结果填入表1-6中。

表1-6　车辆基本信息记录表

序号	项　目	作业记录	序号	项　目	作业记录
1	车轮挡块放置状况		4	各线束连接状况	
2	座椅套、转向盘套、变速杆手柄套、脚垫、翼子板护围安装状况		5	发动机机油液位	
			6	冷却液液位	
3	仪器、设备、工量具数量		7	蓄电池电压	

二、汽车空调压缩机检查与维护作业

进行汽车空调压缩机检查与维护作业，并填写表1-7。

表1-7　汽车空调压缩机检查与维护表

元器件	检查项目	检查结果	处理意见
压缩机传动带			
电磁离合器			
电磁离合器轴承			
压缩机带轮			
离合器吸盘			
冷冻机油			
安全保护装置			

三、回收工量具，清洁场地，完成收尾工作

【检查与考评】

记录员根据操作员的工作过程评分，具体评分细则见表1-8。

表 1-8　汽车空调压缩机检修考核评价表

考核内容	考核要求	评分标准	配分	得分	
				自评	互评
1. 作业环境检查	正确检查作业环境，填写作业环境检查表	错误一处扣 2 分	10		
2. 车辆基本检查	1）正确放置车轮挡块 2）正确安装座椅套、转向盘套、变速杆手柄套、脚垫、翼子板护围 3）正确检查仪器、设备、工量具数量 4）检查线束连接不少于 5 处 5）正确检查发动机机油液位 6）正确检查冷却液液位 7）正确检查蓄电池电压 8）正确填写作业记录表	错误一处扣 2 分	20		
3. 车辆基本信息检查	正确记录车辆基本信息	错误一处扣 5 分	10		
4. 空调压缩机检测	1）正确拆卸传动带 2）正确释放系统压力 3）正确拆卸空调压缩机 4）正确检测压缩机 5）正确装配	错误一处扣 5 分	40		
5. 职业素养	1）学习态度：积极主动参与学习 2）团队合作：与小组成员一起分工合作，不影响学习进度 3）现场管理：服从工位安排、执行实训室管理规定	不足之处扣 3 分	10		
6. 安全文明生产	自觉遵守安全文明生产规程	违反一项规定扣 5 分	10		
合计	—	—	100		
操作时间	开始时间：	结束时间：	实际用时：		

【评价反馈】

按表 1-9 评价本次任务完成的情况。

表 1-9　评价反馈表

项　目	评价内容	评价等级（学生自评）		
		A	B	C
关键能力考核项目	遵守纪律，遵守学习场所管理规定，服从安排			
	安全意识，责任意识，6S 管理意识，注重节约，节能与环保			
	学习态度积极主动，能参加实习安排的活动			
	团队合作意识，注重沟通，能自主学习及相互协作			
	仪容仪表符合活动要求			

（续）

<table>
<tr><th rowspan="2">项　目</th><th rowspan="2">评 价 内 容</th><th colspan="3">评价等级（学生自评）</th></tr>
<tr><th>A</th><th>B</th><th>C</th></tr>
<tr><td rowspan="5">专业能力
考核项目</td><td>按要求独立完成工作页</td><td></td><td></td><td></td></tr>
<tr><td>工具、设备选择得当，使用符合技术要求</td><td></td><td></td><td></td></tr>
<tr><td>操作规范，符合要求</td><td></td><td></td><td></td></tr>
<tr><td>学习准备充分、齐全</td><td></td><td></td><td></td></tr>
<tr><td>注重工作效率与工作质量</td><td></td><td></td><td></td></tr>
<tr><td>小组评语
及建议</td><td></td><td colspan="3">组长签名：
年　月　日</td></tr>
<tr><td>教师评语
及建议</td><td></td><td colspan="3">教师签名：
年　月　日</td></tr>
</table>

【知识巩固】

一、判断题

（　　）1. 宝骏 510 汽车空调压缩机传动带张紧力为 85N。

（　　）2. 宝骏 510 汽车空调压缩机为斜盘式变排量压缩机。

（　　）3. 宝骏 510 汽车空调压缩机电磁离合器电阻为 10Ω。

（　　）4. 宝骏 510 汽车空调系统制冷剂加注量为 450g。

（　　）5. 宝骏 510 汽车空调系统为电动空调。

二、问答题

1. 简述宝骏 510 汽车空调压缩机的结构。

2. 简述空调压缩机常见故障。

任务2
汽车空调冷凝器检修与更换

【任务描述】

一辆宝骏510汽车，最近这段时间客户反映其空调制冷效果不好，经维修技师检查，初步判断可能是冷凝器工作不良所致。现在，我们的工作任务是对汽车空调冷凝器进行检查与维护，找到故障原因并排除故障。

【学习目标】

1. 能准确描述汽车空调冷凝器的检查与维护的主要内容；
2. 能按要求完成汽车空调冷凝器的日常维护；
3. 会填写工作页，记录检测结果。

【学习重点】

1. 能按要求完成汽车空调冷凝器的检查与维护；
2. 能按要求完成汽车空调冷凝器的拆装与更换工作。

【学习难点】

1. 能准确描述汽车空调冷凝器的检查与维护的主要内容；
2. 能准确完成汽车空调冷凝器的拆装与更换工作。

【相关知识】

汽车空调冷凝器是汽车空调系统的重要组成部分，在制冷循环中起着非常重要的作用。本任务以宝骏510汽车空调为载体，主要学习汽车空调冷凝器的结构、分类、拆装工艺、常见故障及检修，掌握汽车空调日常维护方法。

汽车空调为辅助装置，其作用是为驾乘人员提供舒适的驾乘环境。冷凝器在汽车的最前面，属于空调系统的四大零部件之一，被称为“热交换器”。制冷时，室外机热交换器为冷凝器，冷凝器的好坏直接影响汽车空调的制冷性能。

一、汽车空调冷凝器的作用

冷凝器是散热装置，将压缩机压缩过程中产生的大部热量发散到车外空间中，使压缩机出来的高温高压气体变为中温高压液体。作用是将压缩机排出的高温高压的过热制冷剂蒸气冷却成液体或气液混合物，在这个过程中向室外放出热量。实际上，冷凝器是将压缩机排出的高温高压制冷剂蒸气所含热量释放给流过冷凝器的车外空气，并将制冷剂蒸气凝结成带一定温度的制冷剂液体。冷凝器大多布置在车头散热器前，由冷却风扇和汽车行驶产生的迎风气流进行冷却。

二、汽车空调冷凝器的种类

汽车空调上使用的冷凝器，有管片式和管带式两种，如图 1-3 所示。

a) 外形

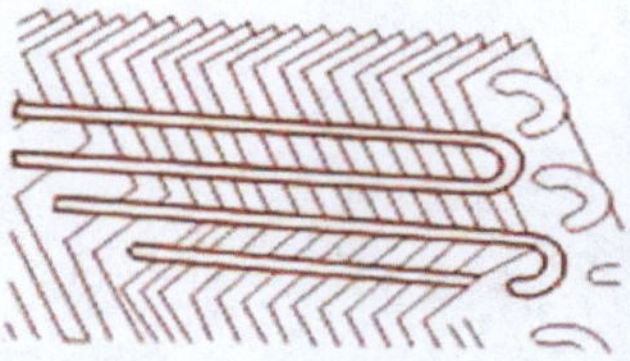

b) 管片式

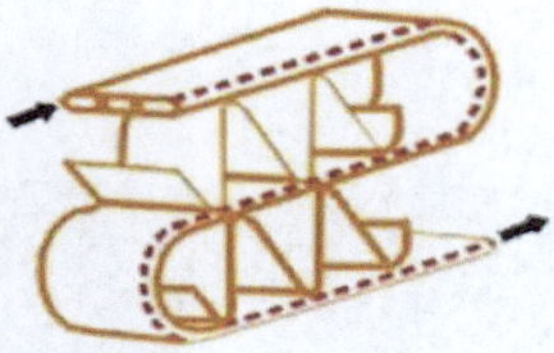

c) 管带式

图 1-3　冷凝器的类型

三、汽车空调冷凝器常见故障

1. 渗漏（图 1-4）

图 1-4　冷凝器渗漏

2. 表面堵塞（图 1-5）

图 1-5　冷凝器堵塞

3. 管道破损（图 1-6）

图 1-6　冷凝器破损

4. 变形（图 1-7）

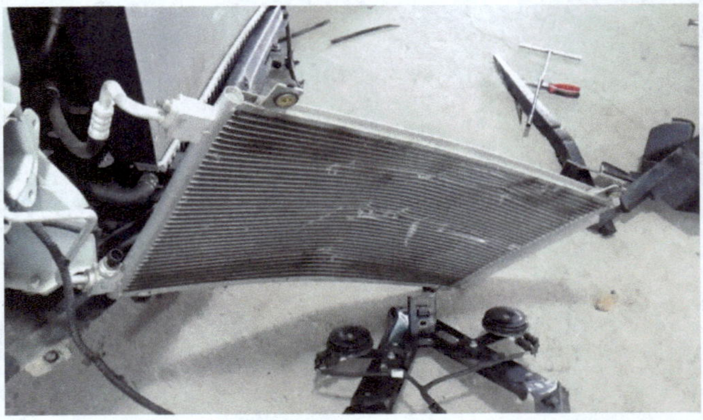

图 1-7　冷凝器变形

【信息收集】

一、现场感受任务描述中的情景，把观察到的现象用几个关键词写出来。

二、明确工作任务，收集信息。

1. 我们的学习任务是什么？汽车空调冷凝器如何拆装与检修？

1）学习任务：

2）汽车空调冷凝器的拆装工艺：

3）汽车空调冷凝器的检修项目：

2. 为顺利完成本学习任务，请按要求完成下列信息的收集。

1）查阅维修手册，该冷凝器的型号是____________，冷凝器的容量是____________，冷凝器的材质是____________。

2）冷凝器的类型包括____________、____________；宝骏 510 汽车使用的是____________。

3. 写出汽车空调冷凝器检修与更换步骤（进行排序）____________。

A. 安装车辆防护装置

B. 进行空调冷凝器检修作业

C. 回收工量具，清洁场地，完成收尾工作

D. 记录待检查车辆基本信息

E. 进行作业环境检查

4. 查找相关知识，完成表 1-10。

表 1-10　冷凝器检修

步　骤	工作内容	参考图示	技术要求或要领
步骤一	目视检查制冷系统软管		
步骤二	检查冷凝器和冷凝风扇		
步骤三	拆卸前保险杠		

（续）

步　骤	工作内容	参考图示	技术要求或要领
步骤四	释放系统压力	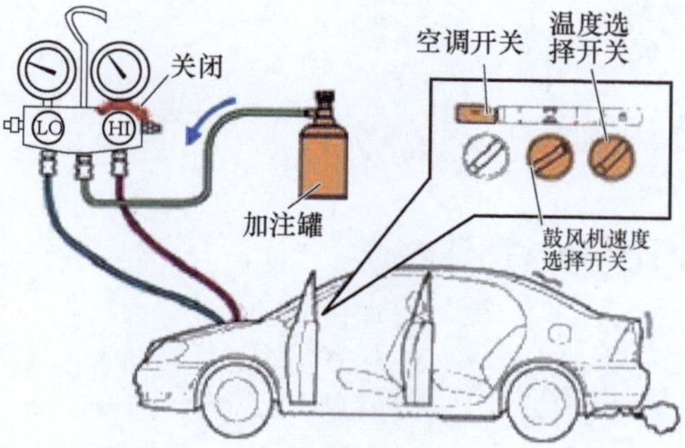	
步骤五	拆卸冷凝器高压管		
步骤六	拆卸冷凝器		

【制订计划】

一、制订汽车空调冷凝器的拆卸计划。

二、制订汽车空调冷凝器的装配计划。

三、制订汽车空调冷凝器的检测计划。

四、请在表 1-11 中选择在检修中可能用到的工量具（在对应的选项中打√即可）。

表 1-11　工量具选择

工量具名称	选　择	
压力表组	□可能	□不可能
回收加注机	□可能	□不可能
真空泵	□可能	□不可能
套筒扳手	□可能	□不可能
十字螺钉旋具	□可能	□不可能
一字螺钉旋具	□可能	□不可能
手电筒	□可能	□不可能
塑料撬扳	□可能	□不可能
其他（请填写具体名称）		

五、要完成本工作任务，你认为在表 1-12 中哪些事项是必须要遵守的，请在相应的位置打√。

表 1-12　操作注意事项

注 意 事 项	选　择	
安装前加注冷冻油	□是	□否
管道密封圈施加润滑	□是	□否
拆装冷凝器要防止刮碰	□是	□否
及时记录测量数据	□是	□否
维修工作完成后需要进行工作现场“6S”	□是	□否
其他		

六、明确成员的工作任务，完成表1-13中的内容。

表1-13　任务分工表

序　号	组　长	记 录 员	操 作 员	备　注

【实施计划】

一、作业前的准备

1. 进行作业环境检查

汽车空调在进行维护作业时，需要起动发动机，为确保人身与财产安全，在开始作业之前，请检查作业场地条件，并填写表1-14，以保证作业的安全与规范。

表1-14　作业环境检查表

序　号	检查项目与内容	检 查 结 果
1	作业场地是否通风良好	
2	作业场地有无明火	
3	作业场地有必要的安全防护设施，如防护手套、防护眼镜、灭火器材等	
4	车辆停放周正，车辆停放区域内无异物	

2. 安装车辆防护装置，记录车辆基本信息

在进行汽车空调维护作业之前，首先要记录车辆的基本信息，同时安装必要的车辆防护装置，将结果填入表1-15中。

表1-15　车辆基本信息记录表

序号	项　目	作业记录	序号	项　目	作业记录
1	车轮挡块放置状况		4	各线束连接状况	
2	座椅套、转向盘套、变速杆手柄套、脚垫、翼子板护围安装状况		5	发动机机油液位	
			6	冷却液液位	
3	仪器、设备、工量具数量		7	蓄电池电压	

二、汽车空调冷凝器的拆装作业

1. 进行汽车空调冷凝器拆卸作业，并填写表1-16。

表1-16　汽车空调冷凝器拆卸工艺表

序　号	步　骤	使 用 工 具	注 意 事 项
1			
2			
3			

（续）

序号	步骤	使用工具	注意事项
4			
5			
6			

2. 进行汽车空调冷凝器装配作业，并填写表1-17。

表1-17　汽车空调冷凝器装配工艺表

序号	步骤	使用工具	注意事项
1			
2			
3			
4			
5			
6			

三、汽车空调冷凝器的检修作业

进行汽车空调冷凝器检修工艺，并填写表1-18。

表1-18　汽车空调冷凝器检修工艺表

序号	故障点	故障原因	处理意见
1			
2			
3			
4			
5			
6			

四、回收工量具，清洁场地，完成收尾工作

【检查与考评】

记录员根据操作员的工作过程评分，具体评分细则见表1-19。

表1-19　汽车空调冷凝器检修与更换评价表

考核内容	考核要求	评分标准	配分	得分	
				自评	互评
1. 作业环境检查	正确检查作业环境，填写作业环境检查表	错误一处扣2分	10		

（续）

考核内容	考核要求	评分标准	配分	得　分	
				自评	互评
2. 车辆基本检查	1）正确放置车轮挡块 2）正确安装座椅套、转向盘套、变速杆手柄套、脚垫、翼子板护围 3）正确检查仪器、设备、工量具数量 4）检查线束连接不少于5处 5）正确检查发动机机油液位 6）正确检查冷却液液位 7）正确检查蓄电池电压 8）正确填写作业记录表	错误一处扣2分	20		
3. 车辆基本信息检查	正确记录车辆基本信息	错误一处扣5分	10		
4. 冷凝器的拆装与检修	1）正确释放系统压力 2）正确拆装汽车前保险杠 3）正确拆卸冷凝器 4）正确装配冷凝器 5）正确检修冷凝器 6）正确填写作业记录表	错误一处扣5分	40		
5. 职业素养	1）学习态度：积极主动参与学习 2）团队合作：与小组成员一起分工合作，不影响学习进度 3）现场管理：服从工位安排、执行实训室管理规定	不足之处扣3分	10		
6. 安全文明生产	自觉遵守安全文明生产规程	违反一项规定扣5分	10		
合计	—	—	100		
操作时间	开始时间：　　　　结束时间：	实际用时：			

【评价反馈】

按表1-20评价本次任务完成的情况。

表1-20　评价反馈表

项　目	评价内容	评价等级（学生自评）		
		A	B	C
关键能力考核项目	遵守纪律、遵守学习场所管理规定，服从安排			
	安全意识、责任意识，6S管理意识，注重节约，节能与环保			
	学习态度积极主动，能参加实习安排的活动			
	团队合作意识，注重沟通，能自主学习及相互协作			
	仪容仪表符合活动要求			

（续）

项　目	评价内容	评价等级（学生自评）		
		A	B	C
专业能力考核项目	按要求独立完成工作页			
	工具、设备选择得当，使用符合技术要求			
	操作规范，符合要求			
	学习准备充分、齐全			
	注重工作效率与工作质量			
小组评语及建议		组长签名： 年　月　日		
教师评语及建议		教师签名： 年　月　日		

【知识巩固】

一、判断题

（　　）1. 汽车空调制冷系统主要由压缩机、制冷剂、冷凝器、蒸发器和液压调节器组成。

（　　）2. 清洗冷凝器外面的污物时，用高压水枪更为有效。

（　　）3. 宝骏 510 汽车空调冷凝器采用管片式结构。

（　　）4. 冷凝器的作用是降温，将气态制冷剂转化成液态。

（　　）5. 拆卸冷凝器前要释放系统压力。

二、简答题

1. 根据下图 1-8 所示，写出冷凝器的拆卸步骤。

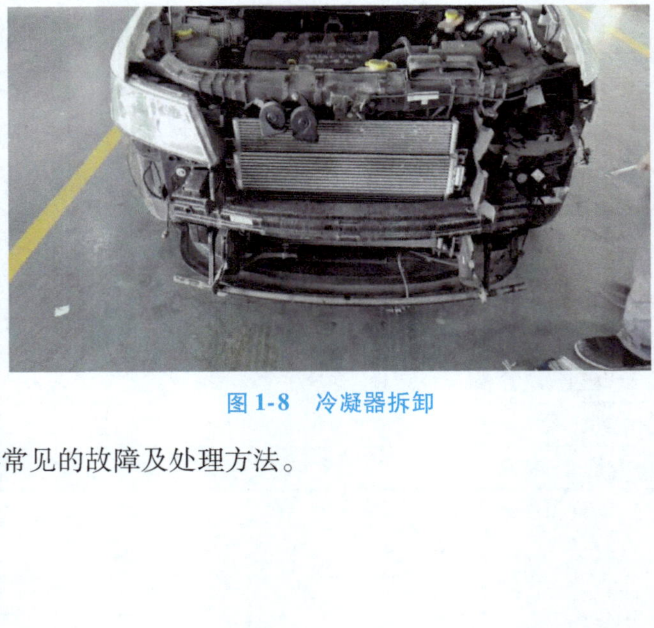

图 1-8　冷凝器拆卸

2. 写出冷凝器常见的故障及处理方法。

任务 3
汽车空调鼓风机检修与更换

【任务描述】

一辆宝骏 510 汽车，最近这段时间客户反映其空调无风量输出，经汽车维修技师检查，初步判断可能是空调鼓风机损坏所致。现在，我们的工作任务是对汽车空调鼓风机进行检查与维护，找到故障原因并排除故障。

【学习目标】

1. 能准确描述汽车空调鼓风机检修的主要内容；
2. 能按要求完成汽车空调鼓风机的日常维护；
3. 会填写工作页，记录检测结果。

【学习重点】

1. 能按要求完成汽车空调鼓风机的检查和维护；
2. 能按要求完成汽车空调鼓风机的拆装与更换工作。

【学习难点】

1. 能准确描述汽车空调鼓风机检查与维护的主要内容；
2. 能准确完成汽车空调鼓风机的拆装与更换工作。

【相关知识】

汽车空调通风系统中的鼓风机是汽车空调系统的重要组成部分，在车内通风中起着非常重要的作用。本任务以宝骏 510 汽车空调为载体，主要学习汽车空调鼓风机拆装工艺、常见故障及检修，掌握汽车空调日常维护方法。

一、汽车空调鼓风机的作用

汽车空调鼓风机的作用是把空调蒸发器周围的冷气或者加热器（热交换器）周围的热气吹到车里，起到强制通风和改变车内气流的作用。

二、汽车空调鼓风机的工作状态（图 1-9）

打开空调鼓风机开关，不启动 A/C 开关时，如果将温度调至最低，则各出风口出来的是自然风，外循环的自然风温度会略高，因为空调外循环的进风口基本上处于前风窗玻璃下沿与发动机舱之间，会受发动机舱温度的影响；如果是内循环，则吹出来的风的温度与车内的温度一样。如果将温度逐渐调高，各出风口温度是依靠加热器（热交换器）加热与温度隔板开启角度来实现的。开启空调（A/C）开关时，如果是自动空调，则空调鼓风机会根据驾驶人设定的温度要求自动开启送风。如果是手动空调，一般是空调鼓风机开启后空调压缩机才会开始工作，通过调节温度开关实现空调控制模块控制自然风、蒸发器冷风、加热器（热交换器）热风的混合比例，以达到所需的温度要求。当雨天等湿度大和车窗起雾的时候，可以开启 A/C 开关，将送风模式选择吹车窗模式，利用蒸发器去湿除雾效果较明显。

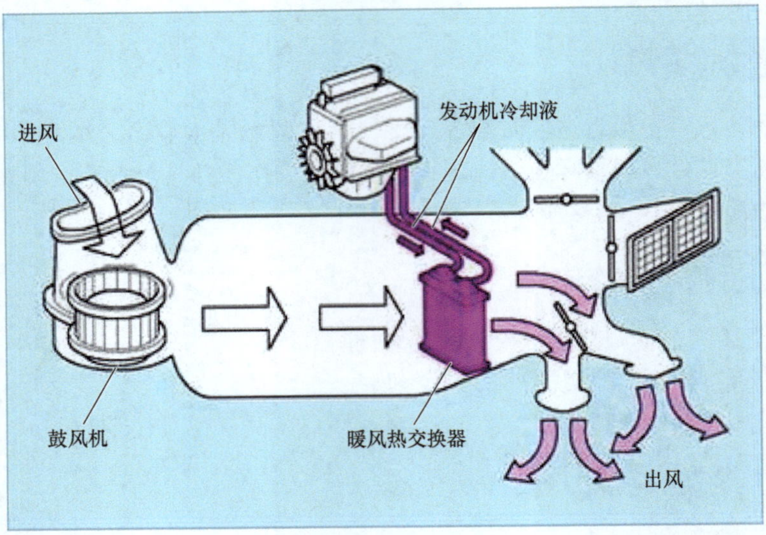

图 1-9　空调鼓风机工作状态

三、汽车空调鼓风机常见故障

汽车空调鼓风机常见故障有：

1）空调风道内有异响。空调滤芯长时间未更换，风道内有树叶等异物。

2）空调鼓风机异响。由于使用周期或未定期维护造成轴承失效产生异响。

3）空调鼓风机不工作。启动鼓风机开关，鼓风机不转，无对外送风。

【信息收集】

一、现场感受任务描述中的情景，把观察到的现象用几个关键词写出来。

二、明确工作任务，收集信息

1. 我们的学习任务是什么？汽车空调鼓风机如何拆装与检修？

1）学习任务：

2）汽车空调鼓风机拆装工艺：

3）汽车空调鼓风机检修项目：

2. 为顺利完成本学习任务，请按下列要求完成下列信息的收集。

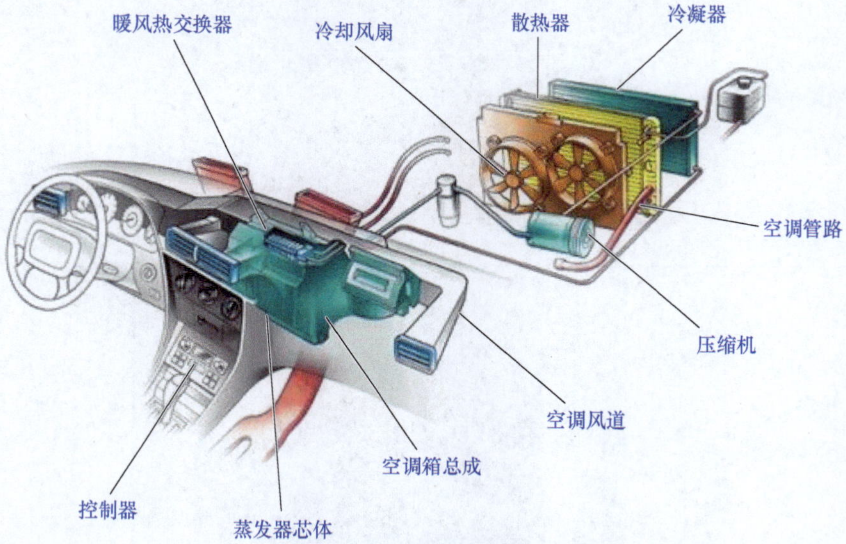

图 1-10　空调系统部件

根据图 1-10 所示，指出上述零件的安装位置：

1）暖风热交换器　——　　2）控制器　——

3）蒸发器芯体　——　　4）空调箱总成——

5）空调风道　——　　6）压缩机　——

7）冷却风扇　——　　8）散热器　——

9）空调管路　——　　10）冷凝器　——

3. 写出汽车空调鼓风机检查与维护的步骤（进行序）＿＿＿＿＿＿。

A. 安装车辆防护装置

B. 进行空调鼓风机检修与更换作业

C. 回收工量具，清洁场地，完成收尾工作

D. 记录待检查车辆基本信息

E. 进行作业环境检查

4. 查找相关知识，完成表 1-21。

表 1-21　鼓风机拆检

序　号	零　件	参考图示	安装位置
1	仪表台	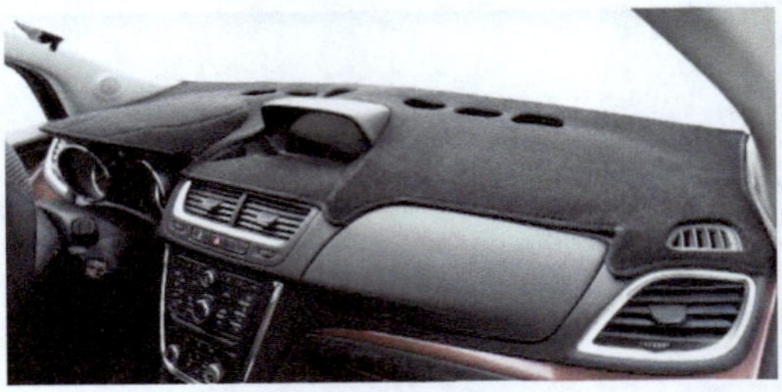	
2	空调控制面板		
3	杂物箱		
4	空调管路	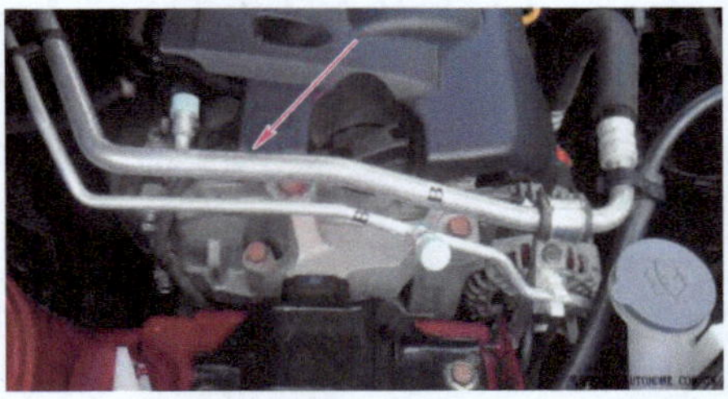	

（续）

序　号	零　件	参考图示	安装位置
5	蒸发器	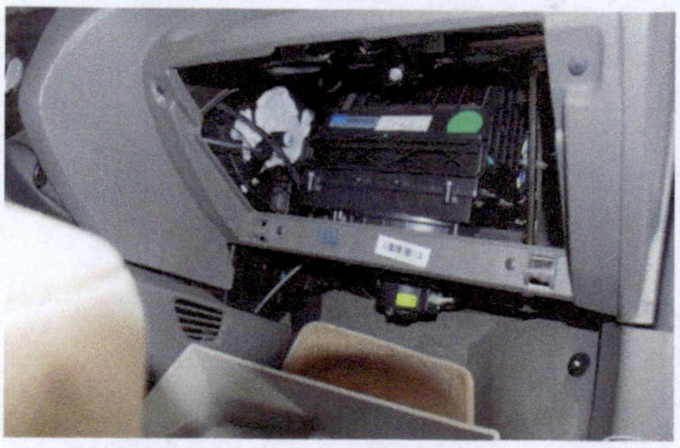	
6	鼓风机	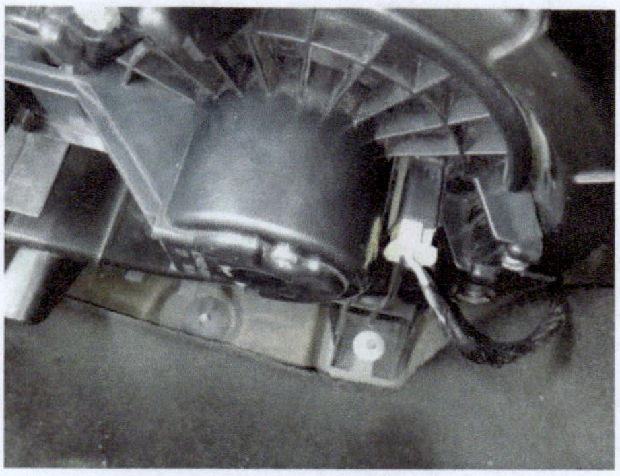	

【制订计划】

一、制订汽车空调鼓风机的拆装计划。

二、制订汽车空调鼓风机的检测计划。

三、请在表 1-22 中选择在检修中可能用到的工量具（在对应的选项中打√即可）。

表 1-22　工量具选择

工量具名称	选　择	
压力表组	□可能	□不可能
回收加注机	□可能	□不可能
真空泵	□可能	□不可能
套筒扳手	□可能	□不可能
十字螺钉旋具	□可能	□不可能
一字螺钉旋具	□可能	□不可能
手电筒	□可能	□不可能
其他（请填写具体名称）		

四、要完成本工作任务，你认为表 1-23 中哪些事项是必须要遵守的，请在相应的位置打√。

表 1-23　操作注意事项

注 意 事 项	选　择	
检查是否断电	□是	□否
检查插头是否拔除	□是	□否
是否要安装防护垫	□是	□否
及时记录测量数据	□是	□否
维修工作完成后需要进行工作现场“6S”	□是	□否
其他		

五、明确成员的工作任务，完成表 1-24 中的内容。

表 1-24　任务分工表

序　号	组　长	记 录 员	操 作 员	备　注

【实施计划】

一、作业前的准备

1. 进行作业环境检查

汽车空调系统在进行维护与检修作业时，需要起动发动机，为确保人身与财产安全，在开始作业之前，请检查作业场地条件，并填写表 1-25，以保证作业的安全与规范。

表 1-25 作业环境检查表

序号	检查项目与内容	检查结果
1	作业场地是否通风良好	
2	作业场地有无明火	
3	作业场地有必要的安全防护设施，如防护手套、防护眼镜、灭火器材等	
4	车辆停放周正，车辆停放区域内无异物	

2. 安装车辆防护装置，记录车辆基本信息

在进行汽车空调维护作业之前，首先要记录车辆的基本信息，同时安装必要的车辆防护装置，将结果填入表 1-26 中。

表 1-26 车辆基本信息记录表

序号	项目	作业记录	序号	项目	作业记录
1	车轮挡块放置状况		4	各线束连接状况	
2	座椅套、转向盘套、变速杆手柄套、脚垫、翼子板护围安装状况		5	发动机机油液位	
			6	冷却液液位	
3	仪器、设备、工量具数量		7	蓄电池电压	

二、汽车空调鼓风机的拆装作业

1）进行汽车空调鼓风机拆卸作业，并填写表 1-27。

表 1-27 汽车空调鼓风机拆卸工艺表

序号	步骤	使用工具	注意事项
1			
2			
3			
4			
5			
6			

2）进行汽车空调鼓风机装配作业，并填写表 1-28。

表 1-28 汽车空调鼓风机装配工艺表

序号	步骤	使用工具	注意事项
1			
2			
3			
4			
5			
6			

三、汽车空调鼓风机的检修作业

进行汽车空调鼓风机检修工艺，并填写表 1-29。

表 1-29 汽车空调鼓风机检修工艺表

序号	故障点	故障原因	处理意见
1			
2			
3			
4			
5			
6			

四、回收工量具，清洁场地，完成收尾工作

【检查与考评】

记录员根据操作员的工作过程评分，具体评分细则见表 1-30。

表 1-30 汽车空调检修与更换考核评价表

考核内容	考核要求	评分标准	配分	得分	
				自评	互评
1. 作业环境检查	正确检查作业环境，填写作业环境检查表	错误一处扣 2 分	10		
2. 车辆基本检查	1）正确放置车轮挡块 2）正确安装座椅套、转向盘套、变速杆手柄套、脚垫、翼子板护围 3）正确检查仪器、设备、工量具数量 4）检查线束连接不少于 5 处 5）正确检查发动机机油液位 6）正确检查冷却液液位 7）正确检查蓄电池电压 8）正确填写作业记录表	错误一处扣 2 分	20		
3. 车辆基本信息检查	正确记录车辆基本信息	错误一处扣 5 分	10		
4. 鼓风机的拆装与检修	1）正确拆装杂物箱 2）正确拆装鼓风机 3）正确检测鼓风机 4）正确填写作业记录表	错误一处扣 5 分	40		
5. 职业素养	1）学习态度：积极主动参与学习 2）团队合作：与小组成员一起分工合作，不影响学习进度 3）现场管理：服从工位安排、执行实训室管理规定	不足之处扣 3 分	10		
6. 安全文明生产	自觉遵守安全文明生产规程	违反一项规定扣 5 分	10		
合计	—	—	100		
操作时间	开始时间：	结束时间：	实际用时：		

【评价反馈】

按表 1-31 评价本次任务完成的情况。

表 1-31　评价反馈表

项　　目	评 价 内 容	评价等级（学生自评）		
		A	B	C
关键能力考核项目	遵守纪律、遵守学习场所管理规定，服从安排			
	安全意识、责任意识，6S 管理意识，注重节约，节能与环保			
	学习态度积极主动，能参加实习安排的活动			
	团队合作意识，注重沟通，能自主学习及相互协作			
	仪容仪表符合活动要求			
专业能力考核项目	按时按要求独立完成工作页			
	工具、设备选择得当，使用符合技术要求			
	操作规范，符合要求			
	学习准备充分、齐全			
	注重工作效率与工作质量			
小组评语及建议		组长签名： 年　月　日		
教师评语及建议		教师签名： 年　月　日		

【知识巩固】

一、判断题

(　　) 1. 汽车空调鼓风机的工作电压为 12V。

(　　) 2. 拆卸空调鼓风机必须断电。

(　　) 3. 宝骏 510 汽车空调鼓风机安装在仪表台左侧。

二、选择题

1. 空调鼓风机的组成包括（　　）。

A. 叶片　　B. 电机　　C. 壳体　　D. 轴承

2. 空调鼓风机的作用是（　　）。

A. 控制制冷剂流量　　B. 完成压缩过程

C. 输送风量　　D. 控制蒸发

3. 空调制冷与暖风系统的风量不足时，应检查的项目有哪些？（　　）

A. 空调滤清器　　B. 风速开关

C. 风速电阻　　D. 鼓风机

三、简答题

1. 根据下图 1-11 所示，写出空调鼓风机拆卸步骤及注意事项。

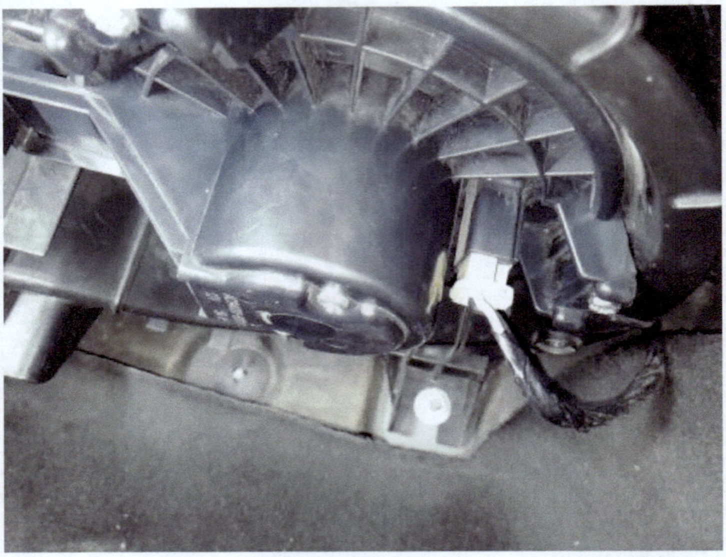

图 1-11　鼓风机

2. 写出鼓风机常见的故障及处理方法。

任务 4 汽车空调制冷系统管路检查与更换

【任务描述】

一辆宝骏 510 汽车，最近这段时间客户反映其空调制冷效果不好，经汽车维修技师检查，初步判断可能是空调制冷管路泄漏所致。现在，我们的工作任务是参照维修手册对汽车空调制冷系统管路进行检查与更换，找到故障原因并排除故障。

【学习目标】

1. 能准确描述汽车空调制冷系统管路的组成及作用；
2. 能准确描述汽车空调制冷系统管路的检查项目；
3. 能准确描述汽车空调制冷系统管路拆装注意事项；
4. 能按要求完成汽车空调制冷系统管路的检查与更换；
5. 会填写工作页，记录检测结果。

【学习重点】

查阅维修手册，制订汽车空调制冷系统管路检查与更换的流程。

【学习难点】

根据维修手册规范，完成汽车空调制冷系统管路的检查与更换。

【相关知识】

汽车空调制冷系统管路是汽车空调制冷系统的重要组成部件。汽车空调的各部件总成一般分散安装在汽车的各个部位，空调管路将这些部件总成连接起来，组成一套完整的汽车空调系统。如果说压缩机是空调系统的心脏，汽车空调管路就是空调系统的血管，起到储存和输送制冷剂的作用。

一、汽车空调管路的分类（如图 1-12 所示）

1. 按照压力分类

汽车空调管路按压力分类，可分为高压管和低压管。

1）高压管：由压缩机至膨胀阀之间的汽车空调管路。

2）低压管：由膨胀阀至压缩机之间的汽车空调管路。

2. 按照制冷剂状态分类

汽车空调管路按照制冷剂状态分类，可分为气态管和液态管。

1）气态管：管路中制冷剂状态为气态的管路。

2）液态管：管路中制冷剂状态为液态的管路。

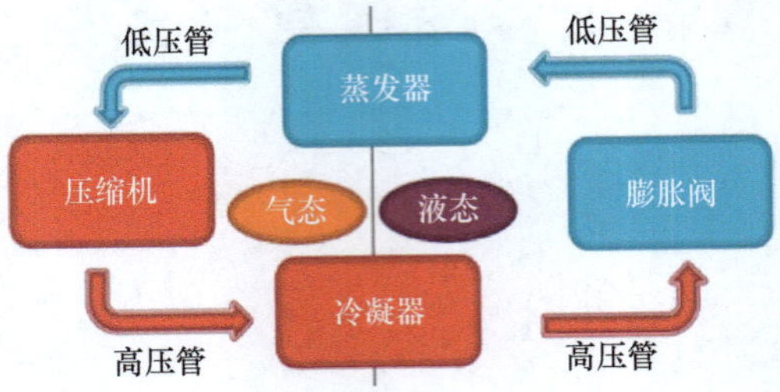

图 1-12　管路分布类型

二、汽车空调管路的组成

汽车空调管路主要由铝管、接头（压板、接头、螺母等）、空调胶管、空调波纹管、铝套、充注口、视液镜、压力开关、O 形圈和防尘帽等部件组成。

三、汽车空调系统管路常见故障

制冷系统管路因出现阻塞或泄漏而使系统制冷不足或不制冷，常见的故障有：

1）管子弯折变形而使制冷剂流通不畅或完全阻塞；

2）管子接头处有损伤或松动而导致泄漏。

四、汽车空调系统管路的拆卸

拆卸管路时应注意：

1）拧松时，要用两把扳手进行操作，以免损伤管件；

2）拆下的管子应立即用堵塞或布等将管接头封住，以避免管子内部受污染。

五、汽车空调管路的检修内容

制冷系统管路检修的主要内容有：

1）检查管路接头处有无松动和泄漏，若有松动予以拧紧，若按规定的拧紧力矩上紧后还有泄漏，则必须更换管路。

2）检查管路有无凹陷、弯曲变形、破裂，管接头处螺纹有无损伤等，若有，应更换该管路；

3）检查管路是否脏污，若是，可用无水酒精冲洗，待充分晾干后再安装。

六、汽车空调系统管路的安装

安装制冷系统管路时同样要用两把扳手，按规定的拧紧力矩拧紧。拧得过松容易造成管路密封不严，拧得过紧则容易损坏管子接头螺纹。安装时还应注意：

1）要用与之相配的 O 形密封圈，并注意避免 O 形圈掉落和碰伤；

2）安装时，将 O 形密封圈涂上少许冷冻润滑油；

3）连接金属管与软管之前，在管接头处涂上一些冷冻润滑油；

4）安装后的管路，应检查管路的布置是否正确、其他零部件与其有无刮碰的可能。

安装完毕后要确认无泄漏，抽真空，并加注制冷剂，最后检测空调系统的制冷性能。

【信息收集】

一、现场感受任务描述中的情景，把观察到的现象用几个关键词写出来。

二、明确工作任务，收集信息。

1. 我们的学习任务是什么？汽车空调制冷系统管路泄漏对汽车空调制冷性能有什么影响？

1）学习任务：

2）汽车空调制冷系统管路泄漏对汽车空调制冷性能的影响：

2. 为顺利完成本学习任务，请按下列要求完成下列信息的收集。

1）查阅维修手册，找出空调系统结构及布置视图。

2）查阅维修手册，查找下列部件的标准拧紧力矩。

① 压缩机排气管冷凝器端螺栓标准拧紧力矩是______________

② 压缩机排气管压缩机端螺栓标准拧紧力矩是______________

③ 压缩机吸气管压缩机端螺栓标准拧紧力矩是______________

④ 前蒸发器出口管冷凝器端螺栓标准拧紧力矩是______________

⑤ 膨胀阀压板螺栓标准拧紧力矩是______________

3. 查阅维修手册，完成表1-32。

表1-32　空调制冷管路拆卸

步　骤	工作内容	参考图示	技术要求或要领
步骤一	拆卸压缩机排气管	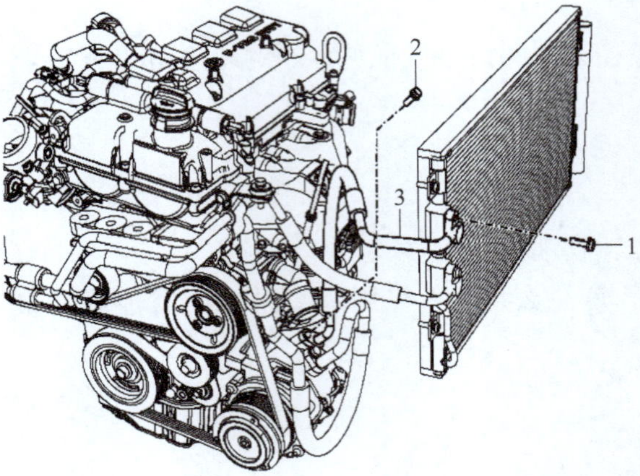	
步骤二	拆卸压缩机吸气管	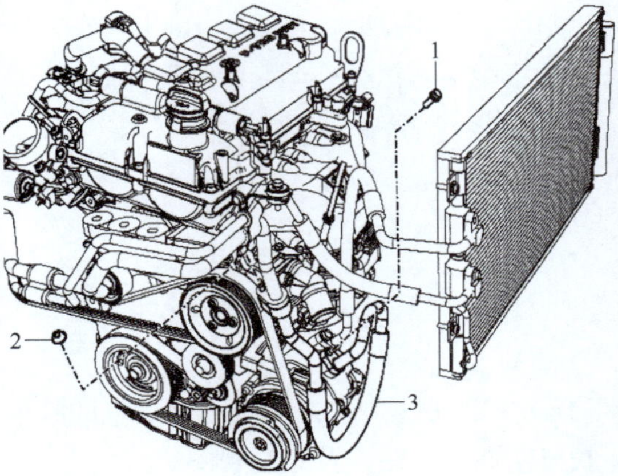	
步骤三	拆卸蒸发器出口管总成	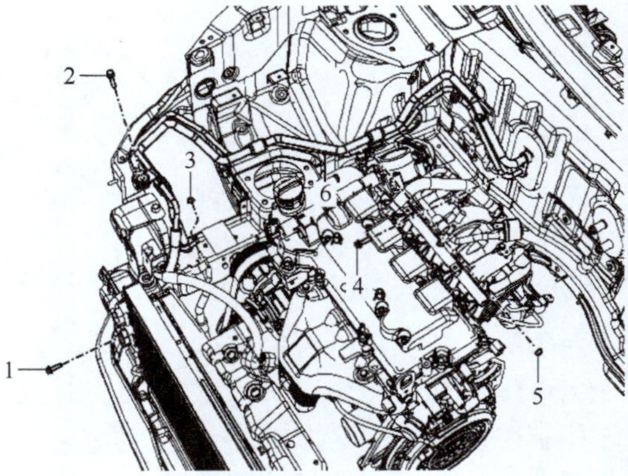	

（续）

步　骤	工作内容	参考图示	技术要求或要领
步骤四	检查管路接头密封圈安装情况	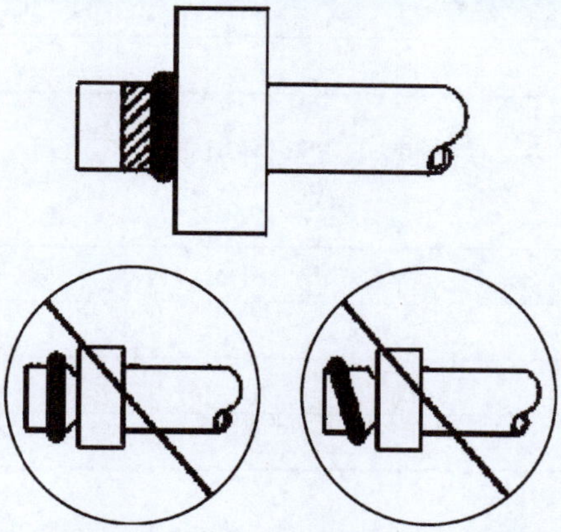	

【制订计划】

一、请以小组讨论的方式，制订合理的汽车空调制冷系统管路检查与更换计划。

二、请在下表1-33中选择在检修中可能用到的工量具（在对应的选项中打√即可）。

表1-33　工量具选择

工量具名称	选　择	
压力表组	□可能	□不可能
回收加注机	□可能	□不可能
真空泵	□可能	□不可能
套筒扳手	□可能	□不可能
十字螺钉旋具	□可能	□不可能
一字螺钉旋具	□可能	□不可能
手电筒	□可能	□不可能
其他（请填写具体名称）		

三、要完成本工作任务，你认为在表1-34中哪些事项是必须要遵守的，请在相应的位置打√。

表1-34　操作注意事项

注意事项	选　择	
检查管路是否有制冷剂	□是	□否
拆卸的管路接头是否做防护处理	□是	□否
安装密封圈是否涂冷冻机油	□是	□否
及时记录维修工作数据	□是	□否

（续）

注意事项	选择	
维修工作完成后需要进行工作现场“6S”	□是	□否
其他		

四、明确成员的工作任务，完成表1-35中的内容。

表1-35　任务分工表

序　号	组　长	记录员	操作员	备　注

【实施计划】

一、作业前的准备

安装车辆防护装置，记录车辆基本信息

在进行汽车空调制冷系统管路检查与更换作业之前，首先要记录车辆的基本信息，同时安装必要的车辆防护装置，将结果填入表1-36中。

表1-36　车辆基本信息记录表

序号	项　目	作业记录	序号	项　目	作业记录
1	车轮挡块放置状况		5	发动机机油液位	
2	翼子板布、前格栅布安装状况		6	冷却液液位	
3	仪器、设备、工量具数量		7	蓄电池电压	
4	各线束连接状况				

二、空调制冷系统管路检查与更换作业

请结合本小组制订的检修计划，进行空调制冷系统管路检查与更换作业，并填写表1-37。

表1-37　汽车空调制冷系统管路检查与更换作业表

序　号	检查项目	检查结果	维修措施
1			
2			
3			
4			
5			

三、回收工量具，清洁场地，完成收尾工作

【检查与考评】

记录员根据操作员的工作过程评分，具体评分细则见表1-38。

表 1-38　汽车空调制冷系统管路检查与更换考核评价表

考核内容	考核要求	评分标准	配分	得分	
				自评	互评
1. 作业环境检查	正确检查作业环境，填写作业环境检查表	错误一处扣 2 分	10		
2. 车辆基本检查	1）正确放置车轮挡块 2）正确安装座椅套、转向盘套、变速杆手柄套、脚垫、翼子板护围 3）正确检查仪器、设备、工量具数量 4）检查线束连接不少于 5 处 5）正确检查发动机机油液位 6）正确检查冷却液液位 7）正确检查蓄电池电压 8）正确填写作业记录表	错误一处扣 2 分	20		
3. 车辆基本信息检查	正确记录车辆基本信息	错误一处扣 5 分	10		
4. 汽车空调制冷系统管路检查与更换	1）正确拆卸压缩机吸气管路 2）正确拆卸压缩机排气管路 3）正确拆卸蒸发器进出管路 4）正确检查与保养管路接头 5）安装管路时，按照标准转矩拧紧螺栓	错误一处扣 10 分	40		
5. 职业素养	1）学习态度：积极主动参与学习 2）团队合作：与小组成员一起分工合作，不影响学习进度 3）现场管理：服从工位安排、执行实训室管理规定	不足之处扣 3 分	10		
6. 安全文明生产	自觉遵守安全文明生产规程	违反一项规定扣 5 分	10		
合计	—	—	100		
操作时间	开始时间：	结束时间：	实际用时：		

【评价反馈】

按表 1-39 评价本次任务完成的情况。

表 1-39　评价反馈表

项　目	评价内容	评价等级（学生自评）		
		A	B	C
关键能力考核项目	遵守纪律、遵守学习场所管理规定，服从安排			
	安全意识、责任意识，6S 管理意识，注重节约，节能与环保			
	学习态度积极主动，能参加实习安排的活动			
	团队合作意识，注重沟通，能自主学习及相互协作			
	仪容仪表符合活动要求			

（续）

项　目	评价内容	评价等级（学生自评）		
		A	B	C
专业能力考核项目	按时按要求独立完成工作页			
	工具、设备选择得当，使用符合技术要求			
	操作规范，符合要求			
	学习准备充分、齐全			
	注重工作效率与工作质量			
小组评语及建议		组长签名： 年　月　日		
教师评语及建议		教师签名： 年　月　日		

【知识巩固】

一、判断题

（　　）1. 汽车空调制冷系统管路拆卸前应检查管路中是否有压力。

（　　）2. 可以用水来清洗空调制冷系统管路。

（　　）3. 管路中残余的制冷剂可以直接排到大气中。

（　　）4. 管路上的维修接头，粗的是高压，细的是低压。

（　　）5. 管路固定螺栓无需按标准力矩拧紧。

二、多选题

1. 空调制冷管路中属于高压管路的是（　　）。

A. 压缩机至冷凝器管路　　B. 冷凝器至膨胀阀管路

C. 膨胀阀至蒸发器管路　　D. 蒸发器至压缩机管路

2. 安装空调制冷系统管路应注意（　　）。

A. 使用与系统相匹配的 O 形密封圈　　B. 安装 O 形密封圈涂少许冷冻机油

C. 按规定力矩拧紧螺栓　　D. 安装完后即可加注制冷剂

3. 空调制冷系统工作时，管路中为气态制冷剂的是（　　）。

A. 压缩机至冷凝器管路　　B. 冷凝器至膨胀阀管路

C. 膨胀阀至蒸发器管路　　D. 蒸发器至压缩机管路

任务 5
汽车空调控制面板检查与更换

【任务描述】

一辆宝骏 510 汽车，最近这段时间客户反映其空调控制面板操作无反应，经汽车维修技师检查，初步判断可能是空调控制面板损坏所致。现在，我们的工作任务是参照维修手册对汽车空调控制面板进行检查与更换，找到故障原因并排除故障。

【学习目标】

1. 能准确描述汽车空调控制面板的组成及作用；
2. 能准确描述汽车空调控制面板各按钮功能；
3. 能准确描述汽车空调控制面板拆装注意事项；
4. 能按要求完成汽车空调控制面板的检查与更换；
5. 会填写工作页，记录检测结果。

【学习重点】

查阅维修手册制订汽车空调控制面板的检查与更换流程。

【学习难点】

根据维修手册规范的完成汽车空调控制面板的检查与更换。

【相关知识】

汽车空调是汽车空气调节系统的简称（其英文全称为 Air Conditioner，简称 A/C），它是指在汽车封闭的空间内，对温度、湿度以及空气清洁度进行调节控制的装置。

一、汽车空调的功能

1. 温度调节

温度调节是汽车空调的主要功能。夏季由制冷系统产生冷气降低车内温度；冬季除大型商用车采用独立燃烧式加热器采暖外，其他车辆基本上采用汽车发动机余热进行采暖。

2. 湿度调节

湿度对车内乘员的舒适感觉有很大影响。车内的湿度一般应保持为 30% ~70%，普通汽车空调不具备调节车内湿度的功能，只通过使用通风装置或打开车窗靠车外空气来调节。高级豪华汽车采用了冷暖一体化空调器，通过制冷和采暖的共同作用才能对车内的湿度进行适当的调节。

在同样的温度下，湿度越大，人感到越热，特别是炎热夏季尤其如此。因此，对湿度的调节一般都是降低空气的湿度，即除湿。湿度的降低是通过制冷空气循环流动，让车内空气中的水蒸气在蒸发器表面凝结成水，然后流出车外完成的。

3. 气流调节

空气的流速和方向对人体舒适性也有很大的影响。夏季，气流速度稍大，有利于人体散热降温；但过大的风速也会使人感到不舒服。舒适的气流速度一般在 0.25m/s 左右。冬季，风速大会影响人体保温，因而冬季采暖希望气流速度尽量小一些，一般为 0.15 ~0.20m/s。根据人体生理特点，头部对冷比较敏感，脚部对热比较敏感，因此，在布置空调出风口时，应让冷风吹到驾乘员头部，暖风吹到驾乘员脚部。

4. 空气净化

车内的空气质量是舒适的重要保证。由于车内空间小，乘员密度大，车内极易出现缺氧和二氧化碳浓度过高的情况；汽车发动机废气中的一氧化碳和道路上的粉尘、野外有毒的花粉都容易进入车内，造成车内空气污浊，影响乘员的身体健康。因此，必须要求汽车空调具有补充车外新鲜空气、过滤和净化车内空气的功能。

二、汽车空调的控制面板

汽车空调的控制面板有机械式、真空式和电子式三种。手动空调面板一般采用机械式，如图 1-13 所示；自动空调一般采用真空式和电子式控制，如图 1-14 所示。各按键的功能为：

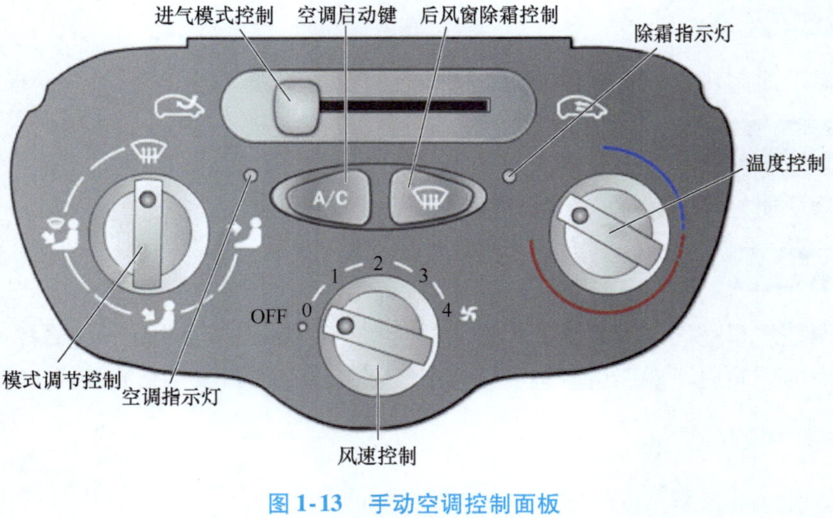

图 1-13　手动空调控制面板

1）空调启动键（A/C）——开启和关闭空调系统（有指示灯显示），当 A/C 开关关闭时，若风速控制开关未置于 0 位置，鼓风机继续工作可进行通风循环。

2）空调关闭键（OFF）——按下此键空调停止工作。

3）温度调节按钮（旋钮）——根据需要调节出风口出风温度。

4）风速模式控制键（旋钮）——可手动调节出风口风速。进入自动控制模式时，出风口风速按控制单元设定的风速吹出。

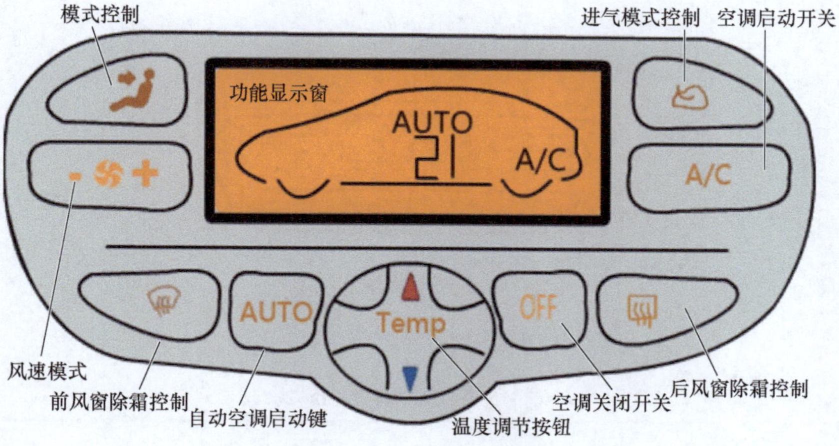

图 1-14　自动空调控制面板

5）模式调节控制键（旋钮）——此键可调节送风位置。其中，——除霜模式，空气送往前风窗玻璃；——面部送风模式，空气送往乘员面部；——脚部送风模式，空气送往乘员脚部；——脚部送风 + 除霜模式，空气送往前风窗玻璃和脚部。

6）进气模式控制键（拨杆）——调节进风口位置，包括内循环（由车厢内部引入空气）和外循环（由车厢外部引入新鲜空气）。

7）前风窗玻璃除霜键——按下此键后空气送往前风窗玻璃。

8）后风窗玻璃除霜键——按下此键后开启后风窗电加热可进行除霜。

9）自动空调启动键——按下此键后空调系统进入自动控制模式，包括温度调节、风速调节、出风口位置调节。

10）功能显示窗——显示空调系统工作状态或故障码。

【信息收集】

一、现场感受任务描述中的情景，把观察到的现象用几个关键词写出来。

二、明确工作任务，收集信息。

1. 我们的学习任务是什么？

2. 为顺利完成本学习任务，请按下列要求完成相关信息的收集。

1）查阅维修手册，找出空调控制面板（图 1-15），把图中各序号所对应按键的名称及功能填写在表 1-40 中。

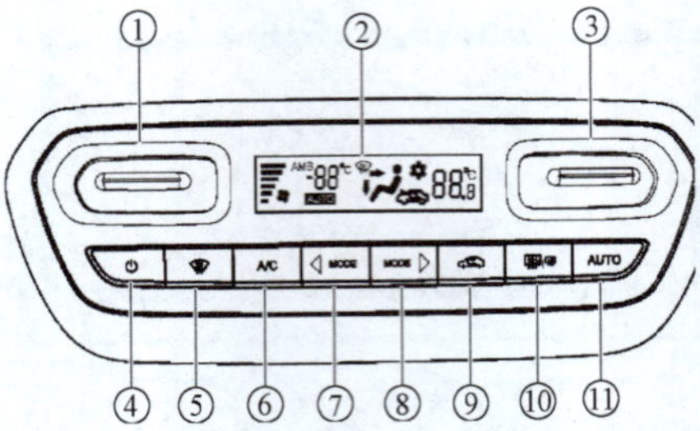

图 1-15　空调控制面板

表 1-40　空调控制面板按键名称及功能

序　　号	操 作 开 关	用　　途	备　　注
1			
2			
3			
4			
5			
6			
7			
8			
9			
10			
11			

2）查阅维修手册，找出空调控制面板显示屏（图 1-16），把图中各序号所对应的图案名称填写在表 1-41 中。

图 1-16　空调控制面板显示屏

表 1-41　空调控制面板显示屏图案名称

序　　号	图 案 名 称	序　　号	图 案 名 称
1		5	
2		6	
3		7	
4		8	

3. 查阅维修手册，完成表 1-42。

表 1-42　空调控制面板的更换

步　　骤	工作内容	参考图示	技术要求或要领
步骤一	拆卸蓄电池负极电缆	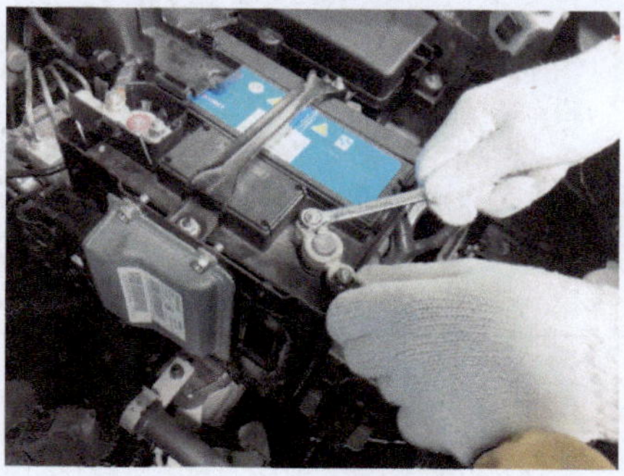	
步骤二	用内饰撬板撬开控制面板	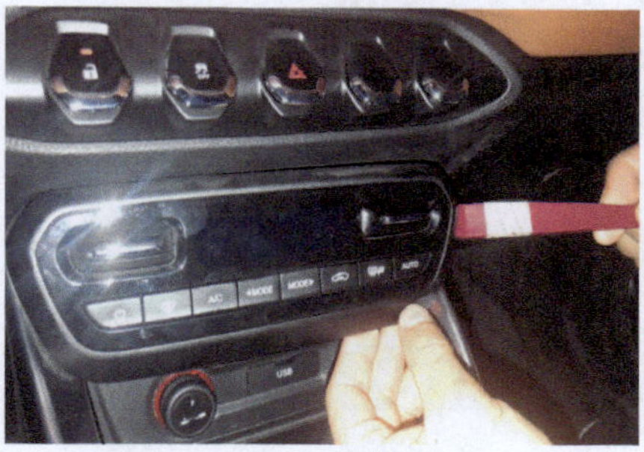	
步骤三	取下控制面板线束插头		
步骤四	更换并安装控制面板		

步　骤	工 作 内 容	参 考 图 示	技术要求或要领
步骤五	通电测试各按键的性能		

【制订计划】

一、请以小组讨论的方式，制订合理的汽车空调控制面板检查与更换计划。

二、请在表 1-43 中选择在检修中可能用到的工量具（在对应的选项中打√即可）。

表 1-43　工量具选择

工量具名称	选　择	
风速表	□可能	□不可能
温度表	□可能	□不可能
万用表	□可能	□不可能
内饰撬板	□可能	□不可能
套筒扳手	□可能	□不可能
十字螺钉旋具	□可能	□不可能
一字螺钉旋具	□可能	□不可能
手电筒	□可能	□不可能
其他（请填写具体名称）		

三、要完成本工作任务，你认为在表 1-44 中哪些事项是必须要遵守的，请在相应的位置打√。

表 1-44　操作注意事项

注 意 事 项	选　择	
拆装前先断电	□是	□否
正确拔插线束插头	□是	□否
拆装工具选用得当	□是	□否
及时记录维修工作数据	□是	□否
维修工作完成后需要进行工作现场“6S”	□是	□否
其他		

四、明确成员的工作任务，完成表 1-45 中的内容。

表 1-45　任务分工表

序　号	组　长	记 录 员	操 作 员	备　注

【实施计划】

一、作业前的准备

安装车辆防护装置，记录车辆基本信息

在进行汽车空调控制面板检查与更换作业之前，首先要记录车辆的基本信息，同时安装必要的车辆防护装置，将结果填入表 1-46 中。

表 1-46　车辆基本信息记录表

序号	项　目	作业记录	序号	项　目	作业记录
1	车轮挡块放置状况		4	各线束连接状况	
2	翼子板布、前格栅布安装状况		5	发动机机油液位	
			6	冷却液液位	
3	仪器、设备、工量具数量		7	蓄电池电压	

二、空调控制面板检查与更换作业

请结合本小组制订的检修计划，进行空调控制面板检查与更换作业，并填写表 1-47。

表 1-47　汽车空调控制面板检查与更换作业表

序　号	检 查 项 目	检 查 结 果	维 修 措 施
1			
2			
3			
4			
5			

三、回收工量具，清洁场地，完成收尾工作

【检查与考评】

记录员根据操作员的工作过程评分，具体评分细则见表 1-48。

表 1-48　汽车空调控制面板检查与更换考核评价表

考核内容	考核要求	评分标准	配分	得分	
				自评	互评
1. 作业环境检查	正确检查作业环境，填写作业环境检查表	错误一处扣 2 分	10		
2. 车辆基本检查	1）正确放置车轮挡块 2）正确安装座椅套、转向盘套、变速杆手柄套、脚垫、翼子板护围 3）正确检查仪器、设备、工量具数量 4）检查线束连接不少于 5 处 5）正确检查发动机机油液位 6）正确检查冷却液液位 7）正确检查蓄电池电压 8）正确填写作业记录表	错误一处扣 2 分	20		
3. 车辆基本信息检查	正确记录车辆基本信息	错误一处扣 5 分	10		
4. 汽车空调控制面板检查与更换	1）正确叙述各开关的名称 2）正确叙述各开关的用途 3）正确检查空调各项功能 4）正确进行控制面板的拆装 5）正确填写作业记录表	错误一处扣 5 分	40		
5. 职业素养	1）学习态度：积极主动参与学习 2）团队合作：与小组成员一起分工合作，不影响学习进度 3）现场管理：服从工位安排、执行实训室管理规定	不足之处扣 3 分	10		
6. 安全文明生产	自觉遵守安全文明生产规程	违反一项规定扣 5 分	10		
合计	—	—	100		
操作时间	开始时间：　　结束时间：　　实际用时：				

【评价反馈】

按表 1-49 评价本次任务完成的情况。

表 1-49　评价反馈表

项目	评价内容	评价等级（学生自评）		
		A	B	C
关键能力考核项目	遵守纪律、遵守学习场所管理规定，服从安排			
	安全意识、责任意识，6S 管理意识，注重节约，节能与环保			
	学习态度积极主动，能参加实习安排的活动			
	团队合作意识，注重沟通，能自主学习及相互协作			
	仪容仪表符合活动要求			

（续）

项　目	评 价 内 容	评价等级（学生自评）		
		A	B	C
专业能力考核项目	按时按要求独立完成工作页			
	工具、设备选择得当，使用符合技术要求			
	操作规范，符合要求			
	学习准备充分、齐全			
	注重工作效率与工作质量			
小组评语及建议		组长签名： 年　月　日		
教师评语及建议		教师签名： 年　月　日		

【知识巩固】

一、判断题

（　　）1. 自动空调控制系统的控制面板上也设有 A/C 按键。

（　　）2. 空调不能作为汽车强制通风换气装置使用。

（　　）3. 装有空调的汽车上，A/C 键开启时，可以有效地防止前风窗玻璃上结雾。

（　　）4. 拆卸空调控制面板时不需断电。

（　　）5. 启动空调时，先按下 A/C 键，再打开鼓风机开关。

二、单选题

1. 汽车空调控制按键“AUTO”表示（　　）

A. 自动控制　　B. 停止　　C. 风速控制　　D. 温度控制

2. 汽车空调控制按键“”表示（　　）

A. 内循环　　B. 外循环　　C. 除霜　　D. 风速控制

3. 在汽车空调装置中，蒸发箱位于（　　）。

A. 发动机前　　B. 发动机后　　C. 驾驶室内　　D. 后行李厢内

4. 汽车空调的布置，按（　　）方式可分为前送式、后送式、前后置式三种类型。

A. 节流　　B. 节温　　C. 送风　　D. 供暖

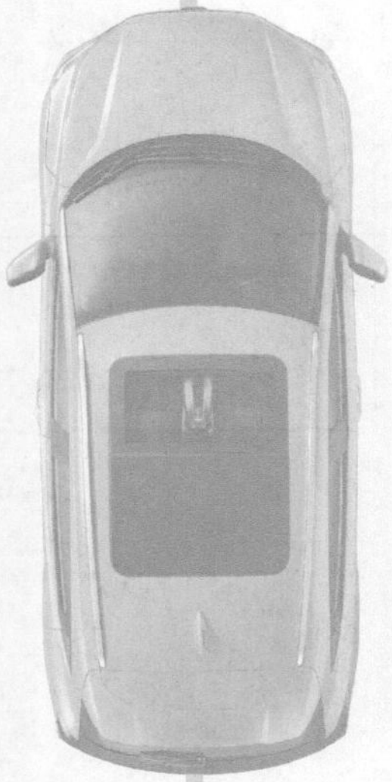

项目二

汽车空调维护

汽车空调维护是保证汽车空调正常运行的一项基本维修操作，本项目学习目的是让学生掌握汽车空调常规检查方法、汽车空调传动带检查与更换方法、汽车空调清洗方法、汽车空调冷冻机油检查与更换方法等。通过本项目的学习，学生应能按要求独立地完成空调常规项目的维护作业。

本项目包括以下学习任务：

任务1　汽车空调常规检查

任务2　汽车空调传动带检查与更换

任务3　汽车空调清洗

任务4　汽车空调冷冻机油检查与更换

任务 1
汽车空调常规检查

【任务描述】

一辆宝骏 510 汽车，到店进行空调系统的维护，现在维修技师对其空调系统进行常规检查。今天，我们的工作任务是对汽车空调系统进行常规检查。

【学习目标】

1. 能准确描述汽车空调系统常规检查的主要内容；
2. 能按要求完成汽车空调常规检查；
3. 会填写工作页，记录检测结果。

【学习重点】

能按要求完成汽车空调常规检查。

【学习难点】

1. 能准确描述汽车空调常规检查的主要内容；
2. 能准确描述汽车空调常规检查要求。

【相关知识】

汽车空调常规检查是汽车空调使用与维护的重要组成部分，在生产实践中起着非常重要的作用。本任务以宝骏 510 汽车手动空调为载体，主要学习汽车空调的常规检查。

一、汽车空调常规检查

汽车空调常规检查具体内容如下：

1）检查汽车空调的控制面板开关，检查各出风口的出风制冷情况。

2）观察冷凝器表面是否清洁。看冷凝器（散热器）叶片是否阻塞或损坏，若阻塞，则应用水冲洗（注意：不能用高压水冲洗，避免散热片变形）。

3）观察连接部件或接缝处是否有污渍。除了管路连接处易产生泄漏外，压缩机轴封、前后盖板的密封垫、检修阀、安全阀、冷凝器等部件以及冷凝器、蒸发器等表面的变形处产生泄漏的概率也较高，所以这些部位也是检查的重点。

4）观察各软管的状况。检查空调系统各软管，主要是看其有无老化、鼓泡、碰擦、割伤和磨损等现象，是否有裂纹和渗漏的油渍。

5）观察发动机冷却液的液位。如果不正确，则应检查冷却系统是否泄漏，并视情况处理。

6）观察空调滤清器。看空调滤清器是否清洁和有无明显泄漏点。

7）观察传动带是否安装正确。看传动带是否正确装入带轮槽，传动带是否歪斜。

8）观察散热器风扇电动机是否转动。用手转动风扇叶片，应转动灵活，无碰擦现象。在制冷系统工作时，散热器风扇应持续低速运转且无异响。只有当冷却液温度过高或制冷剂压力过高时，散热器风扇才会高速运转。

9）观察电磁离合器的工作状况。看压缩机电磁离合器的工作是否正常，离合器吸合后转动且无异常响声为正常。

10）观察怠速转速。当电磁离合器接合时，发动机转速应当保持不变或稍有增加。

11）观察风道和送风口控制机构。看其操纵是否灵活

12）观察鼓风机工作状况。看鼓风机开关置于各不同位置时鼓风机是否工作，若不工作或部分不工作，则应检查相关电路。

13）观察 A/C 控制装置的性能。改变气流分配的方向，看其流量是否正常；改变气流温度，看混合情况是否正常。

14）观察低压回路的结霜情况。看制冷系统低压回路的结霜情况，表面结霜为正常。

15）观察蒸发器除湿情况。制冷系统运行约 8min 后，水从汽车空调出水口流出为正常。

二、汽车空调的维护

汽车空调的维护要求如下：

1）保持冷凝器清洁。冷凝器的清洁程度与其热交换能力强弱有直接关系，应经常检查并清除冷凝器表面的污物，以避免因冷凝器散热不良而引起冷凝器中制冷剂压力、温度过高，造成制冷能力下降等不良情况。在清洗冷凝器时应使用压缩空气或冷水冲洗，不能使用热蒸汽冲洗，容易损坏冷凝器，在清洗的过程中，应注意不要碰击散热片，不能操作制冷管路。

2）应经常检查压缩机传动带的使用状况与松紧程度。如传动带松弛应及时调整，若传动带损伤或老化应及时更换，新的传动带一般使用 30～40h 会出现松弛现象，此时应重新调整张紧力。

3）汽车空调较长时间不使用时，也应每两周开启一次压缩机，每次 5～8min，制冷剂在循环中把冷冻机油带至系统各部分，可防止制冷系统中的密封圈、压缩机油封等密封元件因缺油干燥引起密封不良造成制冷剂泄漏，避免压缩机、膨胀阀及制冷系统其他运行部件锈蚀或因结胶产生黏滞。但当环境温度低于 4℃ 时不能起动压缩机，否则会因温度过低、冷冻机油黏度增大、流动性变差不能及时地将冷冻机油输送到压缩机，而造成压缩机磨损加剧甚至损坏。

4）经常检查制冷系统中各连接部件的管接头、螺栓、螺钉有无松动，系统管路与周围机件或车体是否有摩擦或碰撞，胶管是否老化，有无漏油迹象。

5）经常检查各连接导线绝缘层是否有老化或连接不良等现象。

6）注意观察空调系统在运行中有无异味和异响，若有，则应立即停止使用，及时检查修理。

7）保持送风通道进口空气滤清器的清洁，保证空气新鲜洁净，进风量充足。要防止蒸

发器芯空气通道阻塞，影响送风效果，应每周检查一次。

8）检查膨胀阀感温包与蒸发器出口管道，应连接牢固且绝热层包扎良好。

【信息收集】

一、查维修资料，明确汽车空调常规检查的内容是什么？

二、明确工作任务，收集信息。

1. 我们的学习任务是什么？汽车空调系统常规检查对汽车空调制冷性能有什么影响？

1）学习任务：

2）汽车空调系统常规检查对汽车空调制冷性能的影响：

2. 为顺利完成本学习任务，请按下列要求完成下列信息的收集。

1）查阅维修手册，该发动机的型号是____________，压缩机的型号是____________，制冷剂的型号______________。

2）认识汽车空调系统零部件，______________、压缩机、蒸发器、膨胀阀、储液干燥瓶及其连接的管路。

3）认识空调面板有______________开关、______________开关、____________开关、______________开关和______________开关。

4）空调出风口有_____________出风口、_____________出风口、____________出风口。

3. 写出汽车空调检查与维护的步骤（进行排序）______________。

A. 安装车辆防护装置

B. 进行空调维护作业

C. 回收工量具，清洁场地，完成收尾工作

D. 记录待检查车辆基本信息

E. 进行作业环境检查

4. 查找相关知识，完成表 2-1

表 2-1　汽车空调常规检查

步　　骤	工作内容	参考图示	技术要求或要领
步骤一	目视检查制冷系统软管		
步骤二	检查冷凝器和冷凝风扇		
步骤三	检查发动机冷却液温度是否过热		
步骤四	检查蒸发器出水软管		

（续）

步　骤	工作内容	参考图示	技术要求或要领
步骤五	检查电气线路的连接情况		
步骤六	清洁或更换空调空气滤清器		

【制订计划】

一、制订汽车空调检查维护的计划。

二、要完成本工作任务，你认为下表中哪些事项是必须要遵守的，请在表 2-2 中相应的位置打√。

表 2-2　操作注意事项

注意事项	选　择	
工量具整齐摆放	□是	□否
零件不落地，工量具轻拿轻放	□是	□否
工量具使用前要清洁，使用后要保养	□是	□否
及时记录测量数据	□是	□否
维修工作完成后需要进行工作现场“6S”	□是	□否
其他		

三、请在下表 2-3 中选择在检修中可能用到的工量具（在对应的选项中打√即可）。

表 2-3 工量具选择

工量具名称	选择	
量杯	□可能	□不可能
压力表组	□可能	□不可能
万用表	□可能	□不可能
内饰撬板	□可能	□不可能
套筒扳手	□可能	□不可能
十字螺钉旋具	□可能	□不可能
一字螺钉旋具	□可能	□不可能
手电筒	□可能	□不可能
其他（请填写具体名称）		

四、明确成员的工作任务，完成表 2-4 中的内容。

表 2-4 任务分工表

序号	组长	记录员	操作员	备注

【实施计划】

一、作业前的准备

1. 进行作业环境检查

汽车空调在进行维护作业时，需要起动发动机，为确保人身与财产安全，在开始作业之前，请检查作业场地条件，并填写表 2-5，以保证作业的安全与规范。

表 2-5 作业环境检查表

序号	检查项目与内容	检查结果
1	作业场地是否通风良好	
2	作业场地有无明火	
3	作业场地有必要的安全防护设施，如防护手套、防护眼镜、灭火器材等	
4	车辆停放周正，车辆停放区域内无异物	

2. 安装车辆防护装置，记录车辆基本信息

在进行汽车空调维护作业之前，首先要记录车辆的基本信息，同时安装必要的车辆防护装置，将结果填入表 2-6 中。

表 2-6　车辆基本信息记录表

序号	项　　目	作业记录	序号	项　　目	作业记录
1	车轮挡块放置状况		4	各线束连接状况	
2	座椅套、转向盘套、变速杆手柄套、脚垫、翼子板护围安装状况		5	发动机机油液位	
			6	冷却液液位	
3	仪器、设备、工量具数量		7	蓄电池电压	

二、汽车空调维护作业

进行汽车空调检查作业，并填写表 2-7。

表 2-7　汽车空调检查表

元　器　件	检 查 项 目	检 查 结 果	保 养 措 施
压缩机			
冷凝器与冷却风扇			
蒸发器			
电磁离合器			
储液干燥器			
膨胀阀			
传动带			
冷冻机油			
安全装置			
防振、绝热材料			
加热系统			

三、回收工量具，清洁场地，完成收尾工作

【检查与考评】

记录员根据操作员的工作过程评分，具体评分细则见表 2-8。

表 2-8　汽车空调日常维护考核评价

考 核 内 容	考 核 要 求	评分标准	配分	得　分	
				自评	互评
1. 作业环境检查	正确检查作业环境，填写作业环境检查表	错误一处扣 2 分	10		

（续）

考核内容	考核要求	评分标准	配分	得分	
				自评	互评
2. 车辆基本检查	1）正确放置车轮挡块 2）正确安装座椅套、转向盘套、变速杆手柄套、脚垫、翼子板护围 3）正确检查仪器、设备、工量具数量 4）检查线束连接不少于5处 5）正确检查发动机机油液位 6）正确检查冷却液液位 7）正确检查蓄电池电压 8）正确填写作业记录表	错误一处扣2分	20		
3. 车辆基本信息检查	正确记录车辆基本信息	错误一处扣5分	10		
4. 空调维护	1）正确检查与维护鼓风机 2）正确检查与维护冷凝器与冷却风扇 3）正确检查与维护蒸发器 4）正确检查与维护电磁离合器 5）正确检查与维护储液干燥器 6）正确检查与维护膨胀阀 7）正确检查与维护传动带 8）正确检查与维护安全装置 9）正确检查与维护防振、绝热材料 10）正确检查与维护加热系统	错误一处扣5分	40		
5. 职业素养	1）学习态度：积极主动参与学习 2）团队合作：与小组成员一起分工合作，不影响学习进度 3）现场管理：服从工位安排、执行实训室管理规定	不足之处扣3分	10		
6. 安全文明生产	自觉遵守安全文明生产规程	违反一项规定扣5分	10		
合计	—	—	100		
操作时间	开始时间： 结束时间： 实际用时：				

【评价反馈】

按表2-9评价本次任务完成的情况。

表2-9 评价反馈表

项目	评价内容	评价等级（学生自评）		
		A	B	C
关键能力考核项目	遵守纪律、遵守学习场所管理规定，服从安排			
	安全意识、责任意识，6S管理意识，注重节约，节能与环保			
	学习态度积极主动，能参加实习安排的活动			
	团队合作意识，注重沟通，能自主学习及相互协作			
	仪容仪表符合活动要求			

（续）

项　目	评价内容	评价等级（学生自评）		
		A	B	C
专业能力考核项目	按时按要求独立完成工作页			
	工具、设备选择得当，使用符合技术要求			
	操作规范，符合要求			
	学习准备充分、齐全			
	注重工作效率与工作质量			
小组评语及建议		组长签名： 年　月　日		
教师评语及建议		教师签名： 年　月　日		

【知识巩固】

一、判断题

（　　）1. 汽车空调制冷系统主要由压缩机、制冷剂、冷凝器、蒸发器和液压调节器组成。

（　　）2. 清洗冷凝器外面的污物时，用高压水枪更为有效。

二、单选题

1. 轿车空调总成，具有制冷、采暖及（　　）三种功能。

A. 除湿　　B. 除尘　　C. 除霜　　D. 通风

2. 空调制冷系统中压缩机的作用是（　　）。

A. 控制制冷剂流量　　B. 完成压缩过程

C. 将制冷剂携带的热量散发至大气中　　D. 控制蒸发

3. 空调与暖风系统的暖气热量不足时，不应先检查的项目有哪些？（　　）

A. 暖水阀是否卡住　　B. 空气混合阀门是否卡住

C. 鼓风机转速是否过低　　D. 空调滤清器是否堵塞

4. 膨胀阀的感温包紧贴在何处？（　　）

A. 蒸发器表面　　B. 蒸发器内部

C. 蒸发器入口管壁上　　D. 蒸发器出口管壁上

三、多选题

位于驾驶室外的空调制冷系统部件是：（　　）。

A. 蒸发器　　B. 冷凝器　　C. 储液干燥器　　D. 空调压缩机

任务 2
汽车空调传动带检查与更换

【任务描述】

一辆宝骏 510 汽车手动空调进店进行维护作业，在作业过程中维修人员需要检测汽车空调压缩机传动带张紧力，以确定汽车空调驱动机构的工作状态，并根据检测情况进行调整或更换作业，确保汽车空调的工作能力。

【学习目标】

1. 能检查汽车空调压缩机传动带张紧力；
2. 能正确判断是否需要更换压缩机传动带；
3. 能独立更换空调压缩机传动带。

【学习重点】

能检查汽车空调压缩机传动带张紧力。

【学习难点】

能独立更换压缩机传动带。

【相关知识】

一、压缩机传动带的重要性

压缩机传动带是发动机的重要部件，它用于驱动发动机前端辅件，如发电机、转向助力泵、风扇、水泵、增压器以及空调压缩机等部件，如图 2-1 所示。随着发动机轻量化的要求越来越高，其宽度和高度在不断降低，而输出功率却在不断提高，这就要求传动带的数量不断减少，厚度不断降低，而能够传递的力矩却不断增大。在这种情况下，应经常检查压缩机传动带的使用状况与松紧程度。如传动带松弛应及时调整，若传动带损伤或老化应及时更换，新装的传动带一般使用 30 ~ 40h 会出

图 2-1　压缩机传动带

现松弛现象，此时应重新调整张紧力。不同车型空调压缩机传动带所要求的张紧力不同，可根据车型维修手册上关于压缩机传动带张紧力的要求调整张紧力。

二、空调压缩机传动带松紧度的检测与调整

1. 传动带松紧度的测量方法

传动带松紧度的测量方法有挠度测量法和传动带张紧力计测量法两种。

（1）挠度测量法　如图 2-2 所示，在空调压缩机与发电机之间的传动带中间施加 98N 的力（不同车型参照相应维修手册），同时测量传动带挠度。其挠度值：旧传动带为 7.0 ~ 9.0mm，新传动带为 4.0 ~ 6.0mm。如果传动带磨损或损坏，则应将其更换。

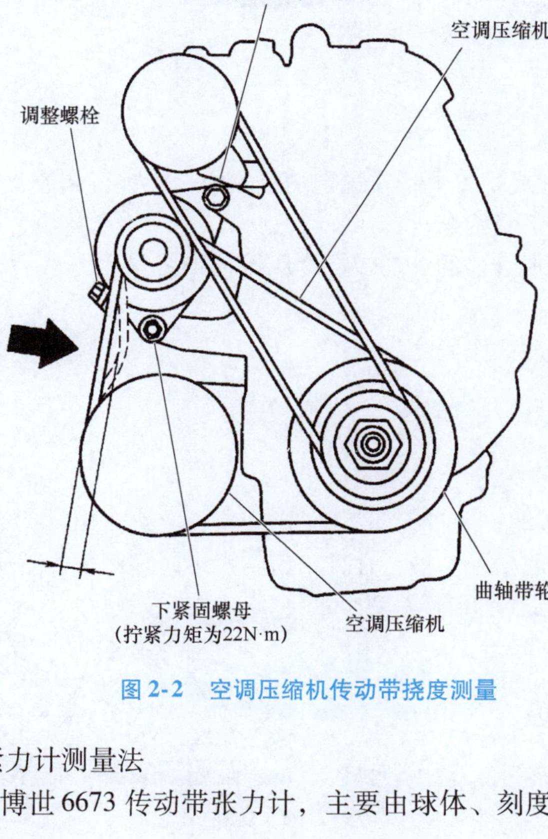

图 2-2　空调压缩机传动带挠度测量

（2）传动带张紧力计测量法

如图 2-3 所示为博世 6673 传动带张力计，主要由球体、刻度盘和挂钩组成，其使用方法为：

1）完全按下手柄（球体），让挂钩咬合到传动带上。

2）传动带张紧计必须与传动带呈垂直状态，待挂钩压到传动带边上后释放手柄。

3）读取指针刻度盘上的张力数值，如图 2-4 所示，确认传动带张力是否正常。

4）测试完成后，按下手柄，取下传动带张紧力计。注：在起动发动机前，切记取下传动带张紧力计。

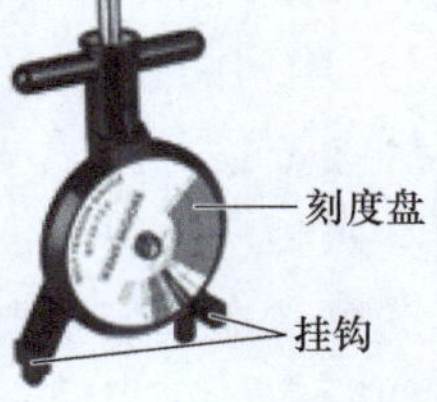

图 2-3　传动带张紧力计

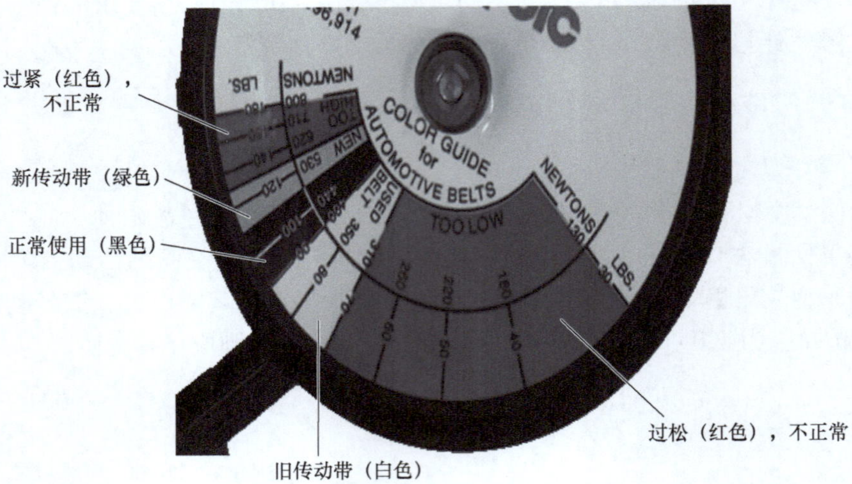

图 2-4　传动带张紧力计的读数

2. 空调压缩机传动带松紧度的调节

如果测得的传动带挠度或张紧力不在规定的范围内，应进行调节，调节步骤为：

1）松开上紧固螺母及下紧固螺母；

2）转动调整螺栓以获得合适的传动带挠度或传动带张紧力，然后再拧紧紧固螺母与调整螺栓；

3）重新检查传动带挠度或张紧力。

三、空调压缩机传动带的拆装

1. 空调压缩机传动带的拆卸

汽车空调压缩机传动带的拆卸步骤如下：

1）使传动带张紧轮惰轮松弛，逆时针拧松惰轮螺母，如图 2-5 中所示；

2）用扭力扳手将空调压缩机下方两个连接螺栓拧松；

3）取下传动带。

2. 空调压缩机传动带安装

1）将传动带套在带轮上，注意运转方向；

2）用套筒扳手沿顺时针方向旋转调节螺栓直到传动带张紧，用拇指按压传动带中部，变形量为 5～10mm 即可；

3）用扭力扳手将空调压缩机下方两个连接螺栓拧紧，拧紧力矩为 50N·m（不同车型参照相应维修手册）。

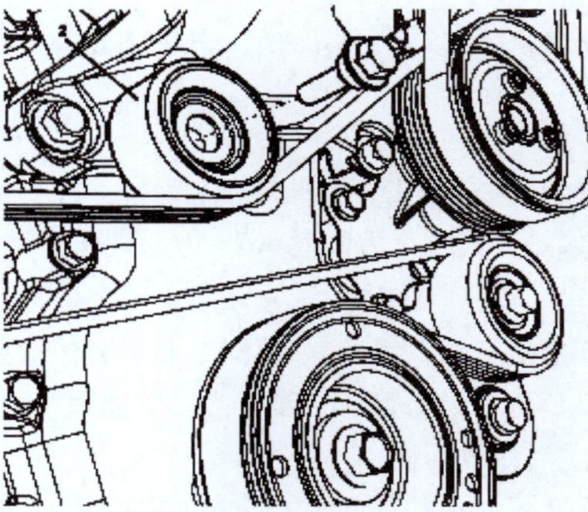

图 2-5　空调压缩机传动带的拆卸

注意：在拆装空调压缩机传动带之前，必须做好相应的记号；在拆装过程中，不能打开制冷剂循环，可以直接拆卸和安装压缩机支架及所属零部件；在安装压缩机传动带时，必须将传动带上的筋条完全卡进带轮的楔槽内。

【信息收集】

一、查维修资料，明确汽车空调压缩机传动带检查的内容是什么？

二、明确工作任务，收集信息。

1. 我们的学习任务是什么？汽车空调压缩机传动带检查对汽车空调制冷性能有什么影响？

1）学习任务：

2）汽车空调压缩机传动带检查对汽车空调制冷性能的影响：

2. 为顺利完成本学习任务，请按下列要求完成下列信息的收集。

1）说出空调压缩机及它的传动带位置。

2）说出空调压缩机传动带调整的螺母有______颗？是______mm。

3）空调压缩机测量传动带的工具是______。

4）空调压缩机调整螺母上紧的拧紧力矩是______。

3. 写出汽车空调压缩机传动带更换的步骤（进行排序）______。

A. 用扭力扳手将空调压缩机下方两个连接螺栓拧松

B. 取下传动带

C. 使传动带张紧轮惰轮松弛，逆时针拧松惰轮螺母

【制订计划】

一、制订汽车空调传动带张紧力检测与更换的计划。

二、要完成本工作任务，你认为下表中哪些事项是必须要遵守的，请在表 2-10 中相应的位置打√。

表 2-10 操作注意事项

注意事项	选择	
工量具整齐摆放	□是	□否
零件不落地，工量具轻拿轻放	□是	□否

（续）

注意事项	选择	
工量具使用前要清洁，使用后要保养	□是	□否
及时记录测量数据	□是	□否
维修工作完成后需要进行工作现场“6S”	□是	□否
其他		

三、请在下表2-11中选择在检修中可能用到的工量具（在对应的选项中打√即可）。

表2-11 工量具选择

工量具名称	选择	
量杯	□可能	□不可能
压力表组	□可能	□不可能
万用表	□可能	□不可能
内饰撬板	□可能	□不可能
套筒扳手	□可能	□不可能
十字螺钉旋具	□可能	□不可能
一字螺钉旋具	□可能	□不可能
手电筒	□可能	□不可能
其他（请填写具体名称）		

四、明确成员的工作任务，完成表2-12中的内容。

表2-12 任务分工表

序号	组长	记录员	操作员	备注

【实施计划】

一、作业前的准备

1. 进行作业环境检查

在进行汽车空调传动带检查和更换时，请检查作业场地条件，并填写表2-13，以保证作业的安全与规范。

表2-13 作业环境检查表

序号	检查项目与内容	检查结果
1	作业场地是否通风良好	
2	作业场地有无明火	
3	作业场地有必要的安全防护设施，如防护手套、防护眼镜、灭火器材等	
4	车辆停放周正，车辆停放区域内无异物	

2. 安装车辆防护装置，记录车辆基本信息

在进行汽车空调维护作业之前，首先要记录车辆的基本信息，同时安装必要的车辆防护装置，将结果填入表2-14中。

表2-14 车辆基本信息记录表

序号	项目	作业记录	序号	项目	作业记录
1	车轮挡块放置状况		4	各线束连接状况	
2	座椅套、转向盘套、变速杆手柄套、脚垫、翼子板护围安装状况		5	发动机机油液位	
			6	冷却液液位	
3	仪器、设备、工量具数量		7	蓄电池电压	

二、汽车空调传动带的检查和更换作业

进行汽车空调传动带检查和更换作业，并填写表2-15。

表2-15 汽车空调传动带检查表

检查挠度	检查传动带的张紧力和压缩机的固定情况	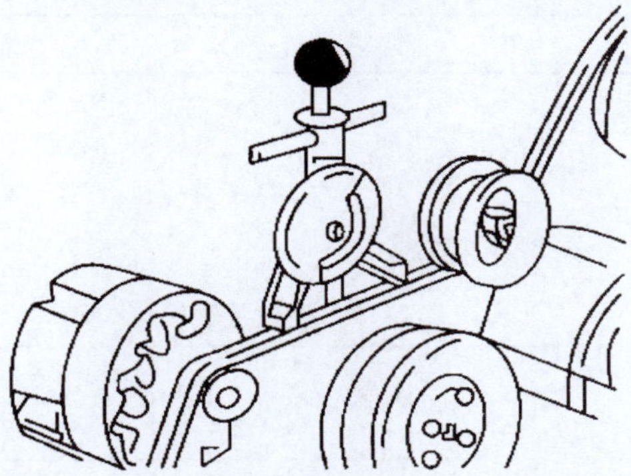	检查情况记录：

三、回收工量具，清洁场地，完成收尾工作

【检查与考评】

记录员根据操作员的工作过程评分，具体评分细则见表2-16

表2-16 汽车空调传动带检查与更换考核评价

考核内容	考核要求	评分标准	配分	得分	
				自评	互评
1. 作业环境检查	正确检查作业环境，填写作业环境检查表	错误一处扣2分	10		
2. 车辆基本检查	1）正确放置车轮挡块 2）正确安装座椅套、转向盘套、变速杆手柄套、脚垫、翼子板护围 3）正确检查仪器、设备、工量具数量 4）检查线束连接不少于5处 5）正确检查发动机机油液位 6）正确检查冷却液液位 7）正确检查蓄电池电压 8）正确填写作业记录表	错误一处扣2分	20		

（续）

考核内容	考核要求	评分标准	配分	得分	
				自评	互评
3. 车辆基本信息检查	正确记录车辆基本信息	错误一处扣5分	10		
4. 空调传动带检查与更换	1）正确检查汽车空调皮带挠度 2）正确判断是否调整和更换传动带 3）正确更换汽车空调传动带	错误一处扣5分	40		
5. 职业素养	1）学习态度：积极主动参与学习 2）团队合作：与小组成员一起分工合作，不影响学习进度 3）现场管理：服从工位安排、执行实训室管理规定	不足之处扣3分	10		
6. 安全文明生产	自觉遵守安全文明生产规程	违反一项规定扣5分	10		
合计	—	—	100		
操作时间	开始时间：	结束时间：	实际用时：		

【评价反馈】

按表2-17评价本次任务完成的情况。

表2-17 评价反馈表

项目	评价内容	评价等级（学生自评）		
		A	B	C
关键能力考核项目	遵守纪律、遵守学习场所管理规定，服从安排			
	安全意识、责任意识，6S管理意识，注重节约，节能与环保			
	学习态度积极主动，能参加实习安排的活动			
	团队合作意识，注重沟通，能自主学习及相互协作			
	仪容仪表符合活动要求			
专业能力考核项目	按时按要求独立完成工作页			
	工具、设备选择得当，使用符合技术要求			
	操作规范，符合要求			
	学习准备充分、齐全			
	注重工作效率与工作质量			
小组评语及建议		组长签名： 年 月 日		
教师评语及建议		教师签名： 年 月 日		

【知识巩固】

单选题

1. 拆卸汽车空调压缩机时应有步骤、有计划进行，一般是（　　），并注意防止碰撞。

A. 先拆零件，后拆部件；由上到下、由外到里

B. 先拆部件，后拆零件；由下到上、由外到里

C. 先拆部件，后拆零件；由上到下、由外到里

D. 先拆部件，后拆零件；由下到上、由里到外

2. 汽车空调压缩机是推动制冷剂在制冷系统中不断循环的动力源，起着（　　）的作用。

A. 膨胀、抽吸和推动循环　　B. 蒸发、抽吸和推动循环

C. 压缩、冷凝和推动循环　　D. 压缩、抽吸和推动循环

3. 如果汽车空调压缩机的高压侧压力偏低，低压侧压力偏高，其可能的主要原因有（　　）、制冷剂不足。

A. 压缩机损坏而内漏　　B. 压缩机离合器打滑、传动带打滑

C. 电磁离合器线圈损坏　　D. 压缩机缺油

4. 如果汽车空调压缩机不停机，其可能的主要原因有离合器烧结（　　）。

A. 压缩机损坏而内漏　　B. 制冷剂不足、温控器损坏

C. 电磁离合器线圈损坏　　D. 压缩机缺油

任务3
汽车空调清洗

【任务描述】

一辆宝骏510汽车，最近这段时间客户反映其空调出风口有异味，经汽车维修技师检查，初步判断可能是空调通风管路脏污引起发霉所致。现在，我们的工作任务是对汽车空调通风管路进行清洗，排除异味。

【学习目标】

1. 能识别汽车空调各部件名称；
2. 能正确描述汽车空调各部件的作用；
3. 能对汽车空调进行清洗。

【学习重点】

通过对汽车空调进行清洗能识别汽车空调各部件名称，并说出怎么样进行汽车空调的清洗。

【学习难点】

能对汽车空调进行清洗。

【相关知识】

一、汽车空调的组成

汽车空调通常包含制冷装置、暖风装置和通风装置，在高级轿车上，还有加湿装置和空气净化装置。

1）制冷装置。对车内空气或由外部进入车内的新鲜空气进行冷却和除湿，使车内空气变得凉爽舒适，使驾驶人保持清醒。制冷装置由压缩机、冷凝器、储液干燥器、节流元件、蒸发器、散热风扇、管道和制冷剂等组成。

2）暖风装置。主要利用发动机冷却液给车内空气或由外部进入车内的新鲜空气加热，以达到取暖、除湿的目的。在冬天还可以给前、后风窗玻璃除霜、除雾。暖风装置由热交换器、热水控制阀和水管等组成。

3）通风、净化装置。通风、净化装置主要是控制车厢内空气的循环和流向，并净化车厢内空气。驾驶人根据需要选择内循环或外循环使车内空气进行流动，同时控制气流的流向，以达到制冷、加热及通风的目的。通风系统包括鼓风机、空气滤清器、进风口、风门和风道及出风口。

4）加湿装置。在空气湿度较低时对车内空气加湿，以提高车内空气的相对湿度。

5）控制系统。对制冷及暖风系统的温度及压力进行控制，同时对车内空气的温度、风速和流向进行控制。

二、汽车空调的分类

1. 按控制程度分

汽车空调按控制程度可分为手动空调（MTC）和自动空调（ATC）两种。

1）手动空调：进气源、空气温度、空气分配及鼓风机转速等功能都是驾驶人通过旋钮或拨杆进行调节手动选择的。

2）自动空调：自动监控并调节温度、鼓风机转速和空气分配，有两种操作模式。其中，自动模式提供了最适宜的系统控制，并且不需要手动干预。手动模式允许忽略单个功能的自动运行，以适应个人偏好。

2. 按驱动方式分

汽车空调按压缩机驱动方式可分为非独立式和独立式。

1）独立式汽车空调：压缩机由专门的专用发动机驱动，一般用于长途载货汽车、大中型客运车辆。

2）非独立空调：压缩机由汽车发动机通过传动带直接驱动，广泛用于轿车、货车、轻型客车及工程汽车上。

3）电力驱动空调：压缩机由电动机驱动，应用于特种车辆，例如雷达指挥车等。

3. 按功能分

汽车空调按功能可分为冷暖分开型、冷暖合一型和全功能型。

1）冷暖分开型：制冷和采暖系统各自分开，由两个完全独立的冷风机和暖风机所组成，各有各的送风机，控制系统也是完全分开的。

2）冷暖合一型：在暖风机的基础上增加蒸发器芯和冷气出风口，但制冷和采暖各自分开，不能同时工作，目前许多轿车还采用这种结构形式。

3）全功能型：集制冷、除湿、采暖、通风和净化空气于一体，既可供冷气，又可供暖气，还可进行通风和除尘。

4. 按送风方式分

汽车空调按送风方式可分为直吹式和风道式。

1）直吹式：冷气或暖气直接从空调器送风面板吹出，一般轿车、中小型客车及货车的空调通常采用这种送风方式。

2）风道式：将空调处理后的空气用风机送到塑料风道，再由车厢顶部或座位下的各风口、风阀送至车内，主要用在一些大型客车空调上。

5. 按结构形式分

汽车空调按结构形式可分为整体式、分体式和分散式。

1）整体式空调：将空调专用发动机、压缩机、冷凝器和蒸发器通过传动带、管道连接成一个整体，由空调专用发动机驱动，通过车内通风管将冷风送入车内。

2）分体式空调：将压缩机、冷凝器、蒸发器以及独立式空调专用发动机部分或全部分开布置，用管道连接成一个制冷系统。

3）分散式空调：将蒸发器、冷凝器、压缩机等各部件分散安装在汽车各个部位，并用管道相连接。

6. 其他分类方式

1）按蒸发器的布置形式可分为仪表台板式空调、顶置式空调。

2）按蒸发器和冷凝器的数量不同可分为单蒸单冷式、单蒸双冷式、双蒸单冷式和双蒸双冷式。

三、汽车空调的主要零部件

汽车空调的主要零部件有暖风热交换器、冷却风扇、压缩机和蒸发器等，如图2-6所示。

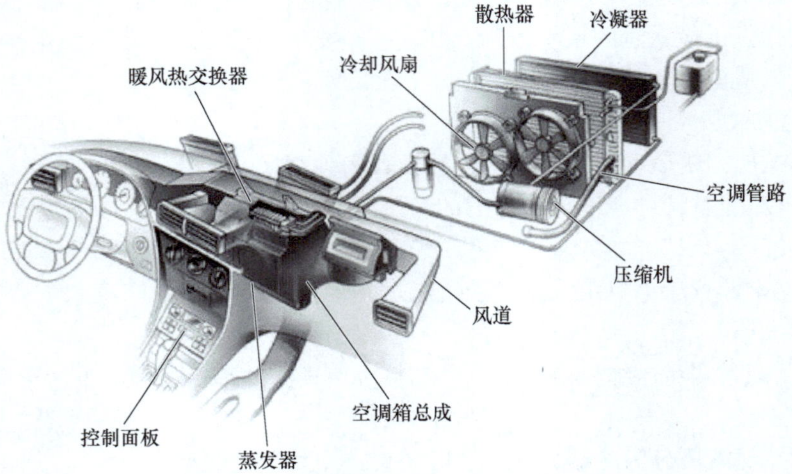

图2-6 汽车空调系统主要元件分布

1. 制冷剂

制冷剂（俗称冷媒）是制冷系统中的工作介质，通过自身“相态”的变化来实现热交换，从而达到制冷的目的，图2-7所示为常见的罐装制冷剂。

2. 压缩机

压缩机是汽车制冷系统的主要部件之一，如图2-8所示。空调压缩机是推动制冷剂在制冷系统中不断循环的动力源，其功能是将已在蒸发器内吸收热量的低温低压的制冷剂气体，压缩成高温高压的制冷剂气体后输送至冷凝器进行冷凝。

图2-7 罐装制冷剂

图2-8 压缩机

根据汽车本身特点，汽车空调压缩机工作时要满足以下要求：①汽车低速时制冷能力要强、高速时能耗要低；②体积小，质量轻；③经久耐用，易损部件少；④工作稳定，噪声小；⑤制造容易，价格低。

3. 冷凝器

冷凝器（图 2-9）是一种由管子与散热片组合起来的热交换器，一般安装在发动机散热器之前，汽车上常用的冷凝器主要有管片式、管带式和平行式三种，其作用是将压缩机排出的高温高压制冷剂气体进行冷却，使之凝结成高温高压的制冷剂液体。

4. 蒸发器

蒸发器是汽车空调制冷系统中另一个热交换器，其作用与冷凝器相反，是将经过节流降压后的液态制冷剂在蒸发器内沸腾汽化，吸收蒸发器表面周围空气的热量而使之降温，鼓风机再将冷空气吹到车厢内，达到降温的目的。

蒸发器安装在汽车车厢内部，仪表板后方，有管片式、管带式和层叠式三种结构。通常蒸发器与鼓风机、加热器芯等集成在蒸发箱内，如图 2-10 所示。由于车厢内的空间小，对蒸发器的尺寸有很大的限制，故要求蒸发器具有制冷效率高、尺寸小、质量轻等特点。

图 2-9　冷凝器

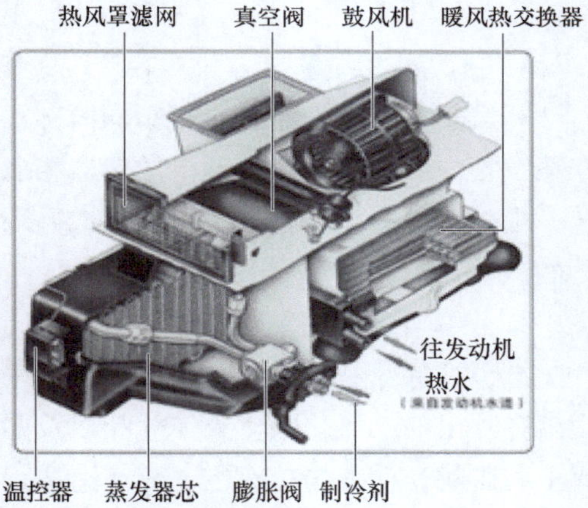

图 2-10　蒸发箱总成

5. 节流膨胀阀

节流膨胀阀安装在蒸发器入口管路上，分为 F 型膨胀阀和 H 型膨胀阀两种，如图 2-11 所示。它的作用有：①降低制冷剂的压力，保证制冷剂在蒸发器内低温下沸腾蒸发，降低流过蒸发器表面的空气温度；②调节供给蒸发器的制冷剂流量，以适应制冷负荷变化的需要；③控制蒸发器的出口过热度，防止压缩机出现液击。

图 2-11　节流膨胀阀

6. 储液干燥过滤器

储液干燥过滤器安装在空调高压管路中，如图 2-12 所示，其作用是：①吸附制冷剂内的湿气；②过滤制冷剂内的颗粒杂质；③储存多余的液态制冷剂。

7. 鼓风机

鼓风机安装在汽车车厢内部，仪表板后方，如图 2-13 所示。鼓风机的作用是将车内/外空气按驾驶人设定的风速吹过蒸发器或加热器芯，通过风道、分配管将冷风或热风输送至车厢内部。

图 2-12 储液干燥过滤器

图 2-13 鼓风机

8. 暖风热交换器

暖风热交换器安装在汽车车厢内部，仪表板后方。暖风热交换器与蒸发器芯等集成安装在蒸发箱内，其结构与发动机散热器相似。暖风热交换器内部有发动机冷却液通过，冷却液从一根管流进，另一根管流出而形成循环，对周围空气进行加热，再由鼓风机将热空气送入车厢内部。

9. 空调滤清器

汽车外部受到粉尘、烟尘以及汽车尾气中一氧化碳、二氧化硫等有害气体的污染，车内受乘客呼出的二氧化碳、人体汗味以及漏入车内废气的污染。这些污染物对人体健康都会造成不利影响，使人精神疲倦，容易造成行车事故。因此，现代汽车空调装备了空气净化器，以清除车内空气中的异味，去除车外空气中的花粉和灰尘，使车内空气净化。

（1）过滤除尘　过滤除尘是在空调系统的进风口和出风口设置空气滤清装置，仅能滤除空气中的灰尘和杂物，因此结构简单，工作可靠，只需定期清理过滤网上的灰尘和杂物即可。

（2）空调滤清器的种类　目前，广泛运用于汽车空调系统的空调滤清器主要有以下三种，如图 2-14 所示。

a) 普通空调滤清器　b) 活性炭空调滤清器　c) 金属滤网

图 2-14 汽车空调滤清器

1）普通空调滤清器。白色，纸质，能过滤灰尘、花粉，价格较便宜，普遍使用在中低档车上。

2）活性炭空调滤清器。灰黑色，纸质，不但能过滤灰尘和花粉，还能吸附有害气体，如苯、甲醛等，价格较贵。

3）金属滤网。主要用于中低档车，只能阻挡一些大的杂物，过滤效果差，成本较低。

（3）空调滤清器的安装位置　空调滤清器一般安装在以下三个位置：

1）杂物箱的后方，一般汽车安装在此位置，如图 2-15a 所示。

2）副驾驶刮水器的下方，如图 2-15b 所示。

3）仪表台下方中部，加速踏板右侧，如图 2-15c 所示。

a)　b)　c)

图 2-15　空调滤清器的安装位置

（4）空调滤清器更换周期　空调滤清器的更换周期一般为每使用 6 个月或行驶 5000km。

四、汽车空调送风管道清洗

1. 车内空气质量不佳的具体表现

1）空调刚刚打开，还未制冷，吹出来的空气会闻到一股类似霉变、烟尘的气味；

2）人在车内，鼻腔、气管、肺部感到不适，或者伴有咳嗽；

3）制冷或制热时，从风口吹出的空气不清新，伴有酸臭味或其他怪味；

4）制冷效果下降，加换制冷剂后仍无改善，并有油耗加大现象。

2. 汽车空调送风管道清洗的必要性

汽车空调蒸发器、鼓风机等长期处于封闭阴暗、高温且潮湿的汽车仪表台内部。空气中的杂质、灰尘、细菌、病毒进入空调内部后，与冷凝水黏合在蒸发器等部件上，日积月累黏附了大量污垢、油垢、胺、烟碱、病毒、细菌和真菌等。如果不及时清洗会造成车内异味、制冷量下降、油耗增加等一系列问题，不仅容易让人患上“空调病”，导致鼻腔、气管、肺部不适等，严重危害身体健康，还会导致空调制冷效果下降，油耗加大，增加养车费用。

3. 汽车空调清洁剂的原理

空调清洁剂又名空调消毒剂，其外形如图 2-16 所示。空调清洁剂是专门针对空调内部散热片清洁消毒的专业产品，具有高效除菌、迅速除臭的功效，强力膨胀泡沫，可深入空调内部，直接洗去空调内风扇、热交换器的灰尘、油污和杂物等，并能杀灭病菌、消除臭味，长时间防止病菌滋生，并散发花香味，起到恢复并加强空调制冷、节能降耗、延长空调使用寿命的作用。

4. 清洗汽车空调送风管道的八大误区

1）空调性能不良时才清洗空调　等到空调效果不好时，才想起清洗空调，这是不对的，应该采用专用的空调清洗液定期进行清洗。

图 2-16　汽车空调清洗剂

2）空调出风口方向随意调　有的驾驶人在使用空调时，不注意调整空调吹风的方向，这样不利于发挥空调的最佳效果。正确的做法应该是：开冷气时将出风口向上，开暖气时将出风口向下。

3）整个冬季都不开空调　长时间不使用空调会导致其橡胶圈老化，空调内部各部件的润滑油也会变干，定期启动空调能让各部件接受润滑，维持良好状态，因此在冬季空调也最好每周启动一次。

4）长时间开着空调　长时间使用空调会使冷凝器压力过大，对制冷系统造成损耗，因此每次使用空调时间不宜过久。如果车内温度已达到舒适的温度，就可以把空调关掉，隔一会儿再打开。

5）夏季进车立即开内循环　在炎热的夏天，很多驾驶人习惯一进车内就打开空调的内循环，认为这样可以让车厢内温度下降得快一点。但是由于车内的温度比车外温度高，这样效果反而不好，所以在刚进入车内的时候，应该先开窗通风，并开启外循环，把热气都排出去，等车厢内温度下降之后，再换成内循环。

6）长时间开内循环　内循环是空气在车厢封闭空间内的循环，随着乘员的呼吸作用，车厢内的含氧量会不断下降，而且如果气缸中的汽油燃烧不完全，产生的一氧化碳也可能漏进车厢内，使得车内的空气质量越来越差，甚至对人体产生危害。因此，应该在开启一定时间内循环后，再开启外循环，让新鲜空气进入车厢。

7）先熄火再关空调　有的驾驶人常常在熄火之后才想起关闭空调，这对发动机是有害的。因为这样在车辆下次起动时，发动机会带着空调的负荷启动，这样的高负荷会损伤发动机。因此，每次停车后应先关闭空调再熄火，而且也应该在车辆起动两三分钟、发动机得到润滑后，再打开空调。

8）从不使用大风量　有的驾驶人因为不喜欢空调开到高档时发出的噪声，因此很少或从不将空调开到大风量。其实，空调使用时会吸入很多灰尘，定期开大风量能将空调送风管道内表面的浮尘吹出来，这是保持空调清洁的一种简单的方法。

【信息收集】

一、查维修资料，明确汽车空调清洗的内容是什么？

二、明确工作任务，收集信息。

1. 我们的学习任务是什么？汽车空调系统清洗对汽车空调制冷性能有什么影响？

1）学习任务：

2）汽车空调清洗对汽车空调制冷性能的影响：

2. 为顺利完成本学习任务，请按下列要求完成下列信息的收集。

1）汽车空调清洗使用的清洗剂是______________。

2）汽车空调清洗剂从______________加入。

3）加入清洗剂注意______________________________________。

3. 写出汽车空调清洗的步骤（进行排序）____________。

A. 加入清洗剂

B. 清洁空调滤清器

C. 回收工量具，清洁场地，完成收尾工作

D. 将各出风口用湿毛巾盖住，以防泡沫喷出

E. 起动发动机，打开鼓风机开关至最高档，选择面部送风模式

【制订计划】

一、制订汽车空调清洗维护的计划。

二、要完成本工作任务，你认为下表中哪些事项是必须要遵守的，请在表 2-18 中相应的位置打√。

表 2-18　注意事项

注意事项	选　择	
工量具整齐摆放	□是	□否
零件不落地，工量具轻拿轻放	□是	□否
工量具使用前要清洁，使用后要保养	□是	□否
及时记录测量数据	□是	□否
维修工作完成后需要进行工作现场“6S”	□是	□否
其他		

三、请在表 2-19 中选择在检修中可能用到的工量具（在对应的选项中打√即可）。

表 2-19 工量具选择

工量具名称	选　择	
量杯	□可能	□不可能
压力表组	□可能	□不可能
万用表	□可能	□不可能
内饰撬板	□可能	□不可能
套筒扳手	□可能	□不可能
十字螺钉旋具	□可能	□不可能
一字螺钉旋具	□可能	□不可能
手电筒	□可能	□不可能
其他（请填写具体名称）		

四、任务分工（表 2-20）。

表 2-20 任务分工表

序　号	组　长	记 录 员	操 作 员	备　注

【实施计划】

一、作业前的准备

1. 进行作业环境检查

在开始作业之前，请检查作业场地条件，并填写表 2-21，以保证作业的安全与规范。

表 2-21 作业环境检查表

序　号	检查项目与内容	检 查 结 果
1	作业场地是否通风良好	
2	作业场地有无明火	
3	作业场地有必要的安全防护设施，如防护手套、防护眼镜、灭火器材等	
4	车辆停放周正，车辆停放区域内无异物	

2. 安装车辆防护装置，记录车辆基本信息

在开始作业之前，首先要记录车辆的基本信息，同时安装必要的车辆防护装置，并将结果填入表 2-22 中，操作步骤参见“任务 3 汽车空调清洗”相关内容。

表 2-22 车辆基本信息记录表

汽车型号		车牌号	
发动机型号		VIN 编号	
车轮挡块放置		机油液位	
座椅套、转向盘套、变速杆手柄套、脚垫、翼子板护围安装		冷却液液位	

二、空调滤清器的拆卸与检查

1）打开杂物箱，清理杂物箱内的物品；

2）拆下杂物箱钉，取下杂物箱；

3）如图 2-17 所示，松开 2 个卡夹，拆下空调滤清器盖板，取出空调滤清器。

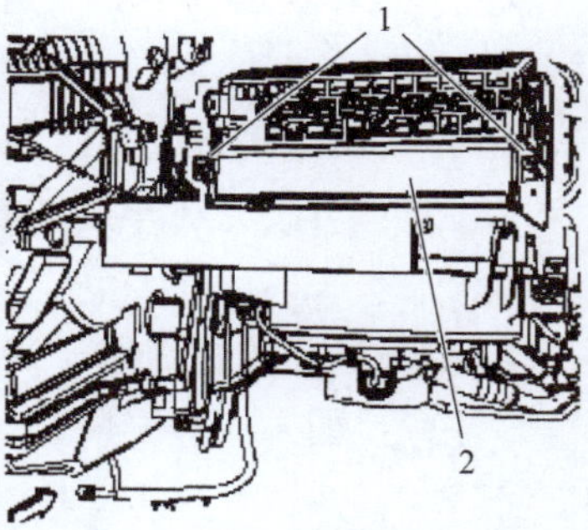

图 2-17　空调滤清器的拆卸

三、空调滤清器检查、清洁与更换

1. 空调滤清器的检查

检查空调滤清器是否脏污、变形和损坏，如图 2-18 所示。如果轻微脏污，则可用高压空气吹干净，如图 2-19 所示；如果严重脏污、变形和损坏，则需要更换。

图 2-18　脏污、变形的空调滤清器

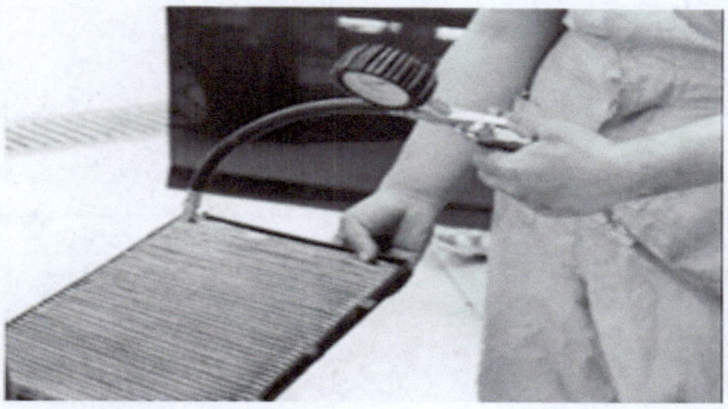
图 2-19　高压空气吹空调滤清器

空调滤清器检查结果：

采取的对应措施：

2. 装入新的空调滤清器或清洁过的空调滤清器，注意方向，箭头向下，字面向外，如图 2-20 所示。

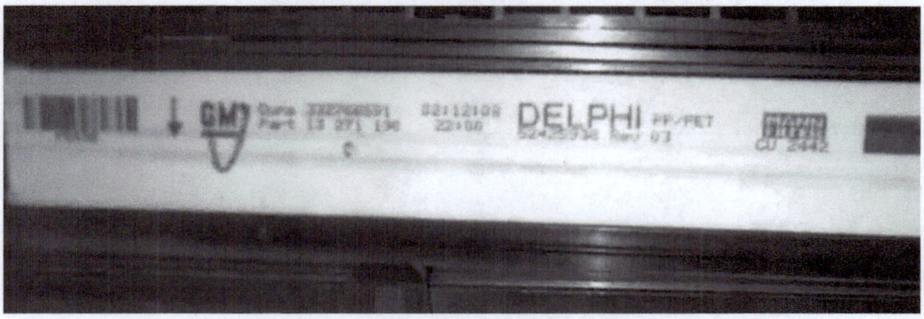

图 2-20　宝骏 510 汽车空调滤清器安装示意图

四、汽车空调通风管道清洗

1）拆下空调滤清器。

2）起动发动机，打开鼓风机开关至最高档，选择面部送风模式。

3）将各出风口用湿毛巾盖住，以防泡沫喷出。

4）将汽车空调清洗剂摇匀后对准空调滤清器安装口喷射，观察出风口有无泡沫流出。

5）如果鼓风机不能使送风口出来泡沫，则拿开毛巾，并关掉鼓风机，从入风口喷入泡沫。

6）待 10 ~ 15min 后，让清洁剂把送风管道中的脏污泡软并从空调出水口流到地下。

注意：可事先在车下放置接污水的油盆或将车辆停在排污管道旁边，以免污染场地面环境。

7）将温度控制旋钮开到最热，轮流变换送风模式到各个位置，利用热风将各管道吹干。

注意：如果还有异味，可再使用清洁剂清洁一次，如还不行，则需要拆开仪表台进行手工清洁。

8）安装空气滤清器。

五、回收工量具、清洁场地，完成收尾工作

【检查与考评】

本节内容的考核与评分见表 2-23。

表 2-23 考核与评分表

考核内容	考核要求	评分标准	配分	得分	
				自评	互评
1. 作业环境检查	正确检查作业环境，填写作业环境检查表	错误一处扣 2 分	10		
2. 车辆基本检查	1）正确放置车轮挡块 2）正确安装座椅套、转向盘套、变速杆手柄套、脚垫、翼子板护围 3）检查仪器、设备、工量具数量 4）检查线束连接不少于 5 处 5）正确检查发动机机油液位 6）正确检查冷却液液位 7）正确检查蓄电池电压 8）正确填写作业记录表	错误一处扣 2 分	20		
3. 车辆基本信息检查	正确记录车辆基本信息	错误一处扣 5 分	10		
4. 空调通风管道清洗	1）正确操作鼓风机开关 2）正确放置湿毛巾 3）正确喷入空调清洁剂 4）正确拆装空调滤清器	错误一处扣 10 分	40		
5. 职业素养	1）学习态度：积极主动参与学习 2）团队合作：与小组成员一起分工合作，不影响学习进度 3）现场管理：服从工位安排、执行实训室管理规定	不足之处扣 3 分	10		
6. 安全文明生产	自觉遵守安全文明生产规程	违反一项规定扣 5 分	10		
合计	—	—	100		
操作时间	开始时间： 结束时间：	实际用时：			

【评价反馈】

按表 2-24 评价本次任务完成的情况。

表 2-24　评价反馈表

项　　目	评 价 内 容	评价等级（学生自评）		
		A	B	C
关键能力考核项目	遵守纪律、遵守学习场所管理规定，服从安排			
	安全意识、责任意识，6S 管理意识，注重节约，节能与环保			
	学习态度积极主动，能参加实习安排的活动			
	团队合作意识，注重沟通，能自主学习及相互协作			
	仪容仪表符合活动要求			
专业能力考核项目	按时按要求独立完成工作页			
	工具、设备选择得当，使用符合技术要求			
	操作规范，符合要求			
	学习准备充分、齐全			
	注重工作效率与工作质量			
小组评语及建议		组长签名： 年　月　日		
教师评语及建议		教师签名： 年　月　日		

【知识巩固】

单选题

1. 一般来说，汽车空调空气净化器（　　），需要清洁空气滤清器。

A. 每工作 1 个月，或汽车行驶 1000km　B. 每工作 2 个月，或汽车行驶 3000km

C. 每工作 3 个月，或汽车行驶 5000km　D. 每工作 6 个月，或汽车行驶 15000km

2. 空调有异味，往往是附着在（　　）的霉菌、细菌和污垢所致。

A. 蒸发器、风道　B. 冷凝器、风道　C. 膨胀阀、风道　D. 冷凝器、膨胀阀

3. 按压缩机的驱动形式分，汽车空调可分为（　　）。

A. 非独立式、独立式、电力驱动　B. 独立式、电力驱动

C. 非独立式、组合式、电力驱动式　D. 非独立式、独立式、单一功能式

4. 汽车空调在日常维护中，主要是通过（　　）等方法进行检查。

A. “听”　B. “听、闻”

C. “听、闻、摸、看”　D. “听、闻、摸、看、测”

5. 汽车空调制冷系统在较长时间不使用时，也应每隔（　　）左右，启动一次压缩机，每次运行工作 8～10min。

A. 15 日　B. 65 日　C. 95 日　D. 125 日

任务4
汽车空调冷冻机油检查与更换

【任务描述】

一辆宝骏510汽车，客户反映这段时间其空调压缩机工作时噪声比较大，制冷效果下降。经汽车维修技师检查，初步判断可能是空调压缩机缺少冷冻机油所致。现在，我们的工作任务是参照维修手册对汽车空调压缩机冷冻机油进行检查与更换，找到故障原因，并排除故障。

【学习目标】

1. 能准确描述汽车空调冷冻机油的作用；
2. 能准确描述汽车空调冷冻机油的检查方法；
3. 能准确描述汽车空调冷冻机油的添加方法；
4. 能按要求完成汽车空调冷冻机油的检查与更换；
5. 会填写工作页，记录检测结果。

【学习重点】

查阅维修手册制订汽车空调冷冻机油检查与更换流程。

【学习难点】

根据维修手册规范地完成汽车空调冷冻机油的检查与更换。

【相关知识】

一、汽车空调冷冻机油的作用

冷冻机油又称冷冻油或冷冻润滑油，作为压缩机内各运动部件的润滑油，如图2-21所示。在压缩机中，冷冻机油主要起润滑、密封、降温以及能量调节四个作用。

图2-21 冷冻机油

1. 润滑

冷冻机油在压缩机运转中起润滑作用，以减少压缩机运行摩擦和磨损，从而延长压缩机的使用寿命。

2. 密封

冷冻机油在压缩机中起密封作用，在压缩机内活塞与气缸面之间、各转动的轴承之间起到密封的作用，以防止制冷剂泄漏。

3. 降温

冷冻机油在压缩机各运动部件间润滑时，可带走工作过程中所产生的热量，使各运动部件保持较低的温度，从而提高压缩机的机械效率和使用的可靠性。

4. 能量调节

对于带有能量调节机构的压缩机，可利用冷冻机油的油压作为能量调节机械的动力。

二、冷冻机油的检查

一般采用以下两种方法检查压缩机冷冻机油。

1. 观察视液窗检查冷冻机油

通过压缩机上安装的视液窗，可观察压缩机冷冻油量。压缩机冷冻机油油面达到视液窗高度的80%位置是合适的：如果油面在此界线之上，应放出多余的冷冻机油；如果油面在此界线之下，则应添加冷冻机油。

2. 观察量油尺检查冷冻机油

未安装视液窗的压缩机，可用油尺检查其油量。压缩机有的只有一个油塞，油塞下面有的装有油尺，有的油塞没有油尺，需另外用专用的油尺插入检查，观察油面的位置是否在规定的上下刻度之间。

三、冷冻机油的添加

压缩机冷冻机油的加注方法主要有三种：一是直接加注，二是从高压侧加注，三是从低压侧加注，可根据具体情况灵活进行。

如从压缩机直接加注，应先进行回油操作，即在怠速时打开空调启动压缩机，控制开关处于最冷位置和鼓风机高速度下工作20～30min，使机油返回压缩机，然后熄火，回收制冷剂。从车上拆下压缩机，倒掉旧机油至回收桶中，直接加注或补充新油。

从高压侧加入，抽真空到98kPa，关闭高压侧手动阀，关闭压缩机上的检修阀。把高压侧软管从压力表头端快速卸下，插入预先装有适量冷冻机油的量杯中；打开检修阀，冷冻油即被吸入空调管路系统，吸油快完时立即关闭检修阀，以免吸入空气；然后将高压软管装回表头上，打开高压侧手动阀，继续抽真空后再加制冷剂。加冷冻油时，发动机、真空泵均不应工作。

从低压侧加入，不需检修阀，抽真空到98kPa后，将低压侧手动阀关闭，真空泵继续抽真空；保持高压侧手动阀开启状态，把低压侧软管从压力表头端卸下，插入冷冻油中，吸取冷冻油，吸到规定的刻度将软管装回原位；打开低压侧手动阀，继续抽真空，抽完毕后即可进行加制冷剂作业。

注意：冷冻机油过多制冷不良，过少压缩机易坏，一定要按该车辆规定数量加注。

【信息收集】

一、现场感受任务描述中的情景，把观察到的现象用几个关键词写出来。

二、明确工作任务，收集信息。

1. 我们的学习任务是什么？

2. 为顺利完成本学习任务，请按下列要求完成下列信息的收集。

1）查阅维修手册，压缩机冷冻机油的型号为______________，压缩机冷冻机油的加注量为______________。

2）查阅维修手册，更换制冷部件时，拟添加加油量，填写在表2-25中。

表2-25　更换部件加油量

序　　号	更 换 部 件	拟添加机油量	备　　注
1	压缩机		
2	冷凝器		
3	蒸发器		
4	制冷管路		

3. 查阅维修手册，完成表2-26。

表2-26　空调冷冻机油检查与更换

步　　骤	工 作 内 容	参 考 图 示	技术要求或要领
步骤一	从车上拆卸压缩机打开机油盖		
步骤二	从压缩机倒出机油	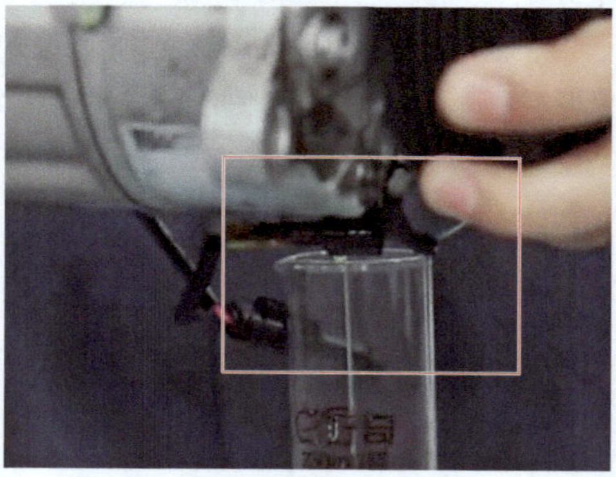	

（续）

步　骤	工 作 内 容	参 考 图 示	技术要求或要领
步骤三	旋转压缩机输入轴，尽可能排空机油		
步骤四	倒入新的机油		
步骤五	旋转压缩机轴	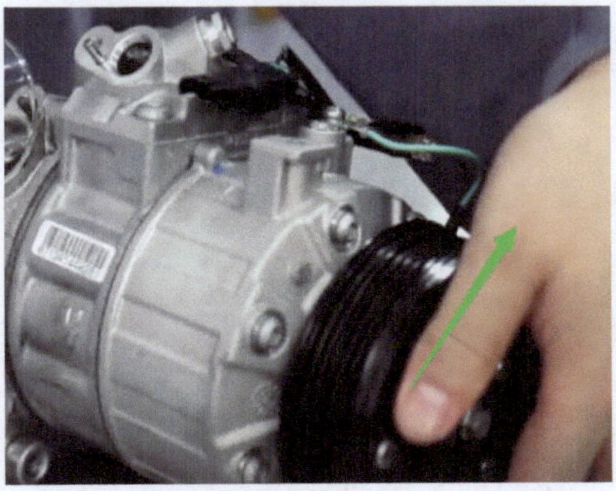	

【制订计划】

一、请以小组讨论的方式，制订合理的汽车空调冷冻机油检查与更换计划。

二、请在表 2-27 中选择在检修中可能用到的工量具（在对应的选项中打√即可）。

表 2-27　工量具选择

工量具名称	选　择	
量杯	□可能	□不可能
压力表组	□可能	□不可能
万用表	□可能	□不可能
真空泵	□可能	□不可能
套筒扳手	□可能	□不可能
十字螺钉旋具	□可能	□不可能
一字螺钉旋具	□可能	□不可能
手电筒	□可能	□不可能
其他（请填写具体名称）		

三、要完成本工作任务，你认为表 2-28 中哪些事项是必须要遵守的，请在相应的位置打√。

表 2-28　操作注意事项

注 意 事 项	选　择	
拆卸来的压缩机进排气口防护处理	□是	□否
油液不落地	□是	□否
工量具使用前要清洁，使用后要保养	□是	□否
及时记录维修工作数据	□是	□否
维修工作完成后需要进行工作现场“6S”	□是	□否
其他		

四、明确成员的工作任务，完成表 2-29 中的内容。

表 2-29　任务分工表

序　号	组　长	记 录 员	操 作 员	备　注

【实施计划】

一、作业前的准备

1. 进行作业环境检查

汽车空调在进行检修作业时，需要起动发动机，为确保人身与财产安全，在开始作业之前，请检查作业场地条件，并填写表 2-30，以保证作业的安全与规范。

表 2-30　作业环境检查表

序　　号	检查项目与内容	检 查 结 果
1	作业场地是否通风良好	
2	作业场地有无明火	
3	作业场地有必要的安全防护设施，如防护手套、防护眼镜、灭火器材等	
4	车辆停放周正，车辆停放区域内无异物	

2. 安装车辆防护装置，记录车辆基本信息

在进行汽车空调冷冻机油检查与更换作业之前，首先要记录车辆的基本信息，同时安装必要的车辆防护装置，将结果填入表 2-31 中。

表 2-31　车辆基本信息记录表

序号	项　　目	作业记录	序号	项　　目	作业记录
1	车轮挡块放置状况		4	各线束连接状况	
2	座椅套、转向盘套、变速杆手柄套、脚垫、翼子板护围安装状况		5	发动机机油液位	
			6	冷却液液位	
3	仪器、设备、工量具数量		7	蓄电池电压	

二、回收工量具，清洁场地，完成收尾工作

【检查与考评】

记录员根据操作员的工作过程评分，具体评分细则见表 2-32。

表 2-32　汽车空调冷冻机油检查与更换考核评价表

考 核 内 容	考 核 要 求	评分标准	配分	得　　分	
				自评	互评
1. 作业环境检查	正确检查作业环境，填写作业环境检查表	错误一处扣 2 分	10		
2. 车辆基本检查	1）正确放置车轮挡块 2）正确安装座椅套、转向盘套、变速杆手柄套、脚垫、翼子板护围 3）正确检查仪器、设备、工量具数量 4）检查线束连接不少于 5 处 5）正确检查发动机机油液位 6）正确检查冷却液液位 7）正确检查蓄电池电压 8）正确填写作业记录表	错误一处扣 2 分	20		
3. 车辆基本信息检查	正确记录车辆基本信息	错误一处扣 5 分	10		
4. 汽车空调冷冻机油检查与更换	1）正确叙述冷冻机油作用 2）正确叙述冷冻机油加注方法 3）正确检查空调冷冻机油 4）正确进行空调冷冻机油的更换 5）正确填写作业记录表	错误一处扣 5 分	40		

（续）

考核内容	考核要求	评分标准	配分	得分	
				自评	互评
5. 职业素养	1）学习态度：积极主动参与学习 2）团队合作：与小组成员一起分工合作，不影响学习进度 3）现场管理：服从工位安排、执行实训室管理规定	不足之处扣3分	10		
6. 安全文明生产	自觉遵守安全文明生产规程	违反一项规定扣5分	10		
合计	—	—	100		
操作时间	开始时间：　　结束时间：	实际用时：			

【评价反馈】

按表2-33评价本次任务完成的情况。

表2-33　评价反馈表

项　目	评价内容	评价等级（学生自评）		
		A	B	C
关键能力考核项目	遵守纪律、遵守学习场所管理规定，服从安排			
	安全意识、责任意识，6S管理意识，注重节约，节能与环保			
	学习态度积极主动，能参加实习安排的活动			
	团队合作意识，注重沟通，能自主学习及相互协作			
	仪容仪表符合活动要求			
专业能力考核项目	按时按要求独立完成工作页			
	工具、设备选择得当，使用符合技术要求			
	操作规范，符合要求			
	学习准备充分、齐全			
	注重工作效率与工作质量			
小组评语及建议		组长签名： 年　月　日		
教师评语及建议		教师签名： 年　月　日		

【知识巩固】

一、判断题

（　　）1. 加入过量冷冻机油对空调系统没有影响。

（　　）2. 在 R134a 制冷系统中，制冷剂与冷冻机油互溶。

（　　）3. 更换制冷部件时需加适量冷冻机油。

（　　）4. 冷冻机油具有耐高温、抗氧化性。

二、单选题

1. 汽车空调冷冻机油的主要作用（　　）。

A. 润滑、冷却、抽吸　　B. 润滑、冷却、密封

C. 压缩、冷却、密封　　D. 润滑、压缩、密封

2. 目前，以 R134a 为制冷剂的汽车空调系统，一般选用（　　）为冷冻机油。

A. PSG　　B. ESTER　　C. PAG　　D. 矿物油

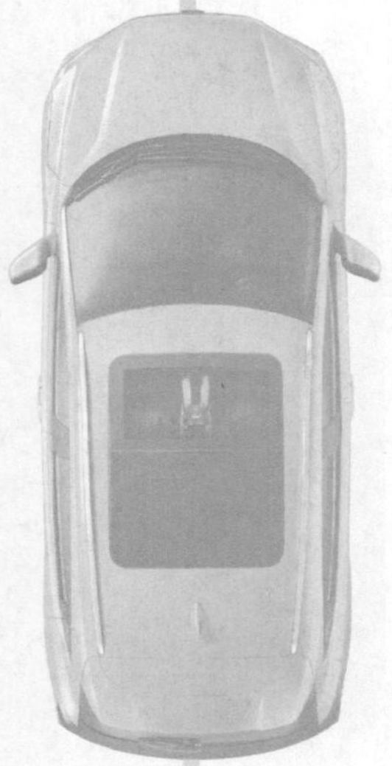

项目三

汽车空调系统工作异常检修

汽车空调通风系统工作异常、空调制冷系统泄漏、空调制冷系统压力异常等将严重影响空调系统的正常工作。本项目学习的主要内容是对汽车空调机械系统工作异常检修，学生通过本项目的学习，应能按要求独立地完成常见的汽车空调机械系统工作异常故障检修作业。

本项目包括以下学习任务：

任务 1　汽车空调通风系统工作异常检修

任务 2　汽车空调制冷系统泄漏检修

任务 3　汽车空调制冷系统压力异常检修

任务 1
汽车空调通风系统工作异常检修

【任务描述】

一辆宝骏 510 汽车，车主反映其空调底板出风口无风吹出，经维修技师对系统进行检查，初步判断为空调通风系统工作异常所致，需要对其进行检修，今天我们的学习任务就是对汽车空调通风系统工作异常进行检修。

【学习目标】

1. 能够正确描述汽车空调通风系统的组成；
2. 能够正确维修空调通风系统的故障。

【学习重点】

能够正确描述汽车空调通风系统的组成。

【学习难点】

能够正确维修空调通风系统的故障。

【相关知识】

一、汽车空调通风系统类型

汽车空调通风系统将外部新鲜空气吸进车内，起通风和换气作用。通风系统有动压通风、强制通风和综合通风三种形式。

1. 动压通风

动压通风也称自然通风，它利用汽车行驶时对车身外部所产生的风压为动力，在适当的地方开设进风口和出风口，以实现车内的通风换气目的。

进、出风口的位置取决于汽车行驶时车身外表面的风压分布状况和车身结构形式。进风口应设置在正风压区，并且离地面尽可能的高，以免进入汽车行驶时所扬起的带有尘土的空气。出风口则设置在汽车车厢后部的负压区，并且应尽量加大出风口的有效流通面积，提高排气效果，还必须注意到灰尘、噪声以及雨水的侵入。

车身外部大多受到负压，只有在车前及前风窗玻璃周围为正压区。因此，轿车的进风口设在车窗的下部正风压区，而且此处都设有进气阀门和外循环空气阀门，用来控制新鲜空气的流量。一般在空调系统刚启动，而且车内、外温差较大时，关闭外循环气道，采用内循环方式工作，这样可以尽快降低车内温度。出风口设置在轿车尾部负压区。

动压通风时，车内空气的流动如图 3-1 所示。

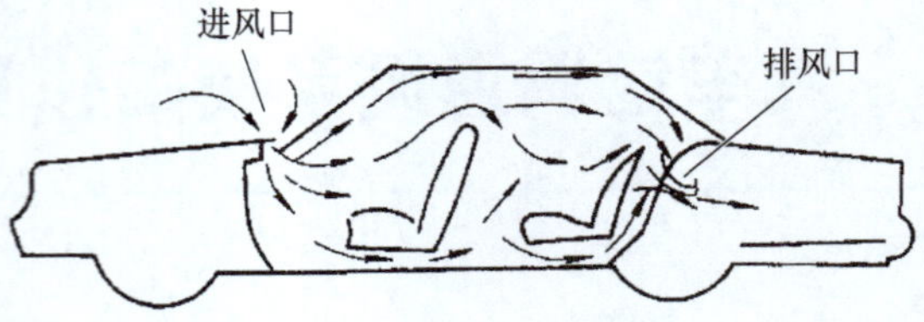

图 3-1　空调动压通风

由于动压通风不消耗动力，且结构简单，通风效果也较好，因此，轿车大都设有动压通风口。

2. 强制通风

强制通风是利用鼓风机强制将车外空气送入车厢内进行通风换气的通风方式。这种方式需要消耗能源和设置通风设备。在冷暖一体化的汽车空调上，大多采用通风、供暖和制冷的联合装置，将外部空气与空调冷暖空气混合后送入车内，此种通风装置常见于高级轿车和豪华旅行车上。

3. 综合通风

综合通风是指一辆汽车上同时采用动压通风（自然通风）和强制通风两种通风方式。采用综合通风系统的汽车比单独采用强制通风或自然通风的汽车结构要复杂得多。最简单的综合通风系统是在自然通风的车身基础上，安装强制通风设备，根据需要可分别使用和同时使用。这样，基本上能满足各种行驶条件下和气候条件下的通风换气要求。

综合通风系统虽然结构复杂，但省电、经济性好、运行成本低。特别是在春秋季节，用动压通风导入凉爽的室外空气，以取代制冷系统工作，同样可以保证舒适性要求。这种通风方式近年来在汽车上的应用逐渐增多。

二、汽车空调通风系统的结构

汽车空调通风系统通常由三部分构成：第一部分为空气进入段，主要由鼓风机和风门（控制内、外循环风门）组成，用来控制新鲜空气和室内循环空气的风门叶片和伺服器组成，如图 3-2 所示；第二部分为空气混合段，主要由加热器、蒸发器和调温风门组成，用来提供所需温度的空气，如图 3-3 所示；第三部分为空气分配段，使空气吹向面部、脚部和风窗玻璃上，它们是通过手动控制钢索（手动空调）、真空气动装置（半自动空调）或者电控气动（全自动空调）与仪表板空调控制键联接动作，执行配气工作，如图 3-4 所示。

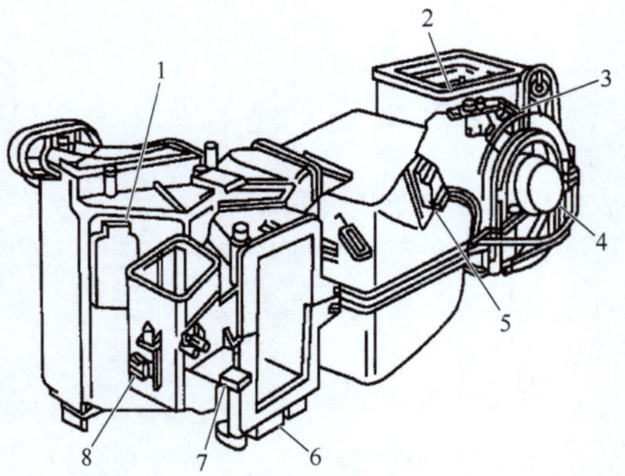

图 3-2　送风系统空气进入段

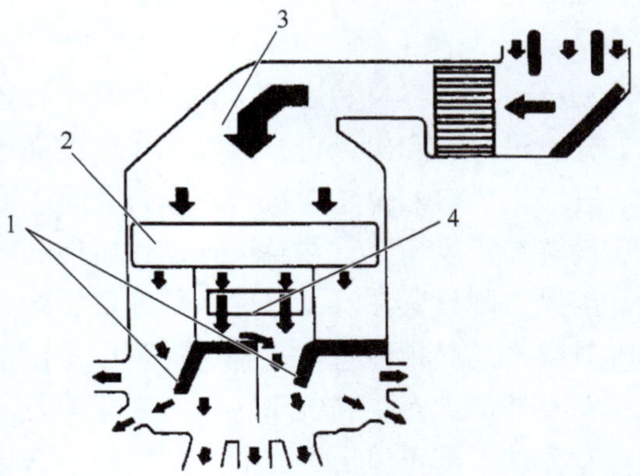

图 3-3　送风系统空气混合段

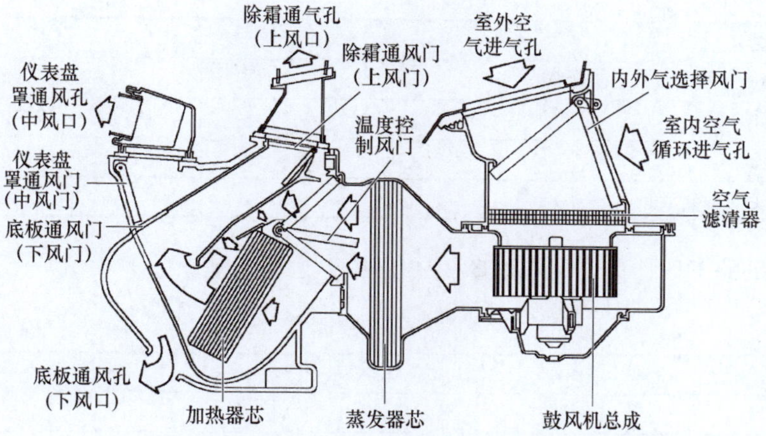

图 3-4　汽车空调风门部件示意图

【信息收集】

一、今天我们的学习任务是什么？

二、为顺利完成本学习任务，请按要求完成下列信息的收集。

1. 维修车辆的型号：________________
2. 通风系统的作用：________________________________
3. 观察空调控制面板，空调送风模式有：________________________________
________________________________等组成。
4. 汽车空调的车内有两种循环控制方式，分别是：________________
5. 实训车辆是手动空调还是自动空调：________________________

【制订计划】

请根据车主描述的现象和任务要求，确定所需的维护仪器、工具，并对小组成员进行合理分工，制订详细的检修计划。

1. 请在表 3-1 中选择在检修中可能用到的工量具（在对应的选项中打√即可）。

表 3-1　工具表

工量具名称	选　　择	
世达 150 件套	□可能	□不可能
一字螺钉旋具	□可能	□不可能
十字螺钉旋具	□可能	□不可能
内饰翘板	□可能	□不可能
万用表	□可能	□不可能
手电筒	□可能	□不可能

（续）

工量具名称	选　择	
手套	□可能	□不可能
防护眼镜	□可能	□不可能
汽车诊断仪	□可能	□不可能
其他（请填写具体名称）		

2. 明确成员的工作任务，完成表 3-2 中的内容。

表 3-2　小组成员分工表

序　号	组　长	记 录 员	操 作 员	备　注

3. 汽车空调通风异常检修计划：

1）检查空调系统各风门的工作情况：____________________

2）检查通风系统内外循环工作情况的流程：____________________

3）选用工具：____________________

【实施计划】

一、作业前的准备

1. 进行作业环境检查

汽车空调在进行检修作业时，需要起动发动机，为确保人身与财产安全，在开始作业之前，请检查作业场地条件，并填写表 3-3，以保证作业的安全与规范。

表 3-3　作业环境检查表

序　号	检查项目与内容	检 查 结 果
1	作业场地是否通风良好	
2	作业场地有无明火	
3	作业场地有必要的安全防护设施，如防护手套、防护眼镜、灭火器材等	
4	车辆停放周正，车辆停放区域内无异物	

2. 安装车辆防护装置，记录车辆基本信息

在进行汽车空调维护作业之前，首先要记录车辆的基本信息，同时安装必要的车辆防护装置，将结果填入表 3-4 中。

表 3-4　车辆基本信息记录表

序号	项　目	作业记录	序号	项　目	作业记录
1	车轮挡块放置状况		4	各线束连接状况	
2	座椅套、转向盘套、变速杆手柄套、脚垫、翼子板护围安装状况		5	发动机机油液位	
			6	冷却液液位	
3	仪器、设备、工量具数量		7	蓄电池电压	

二、汽车空调通风系统工作异常检修作业

进行汽车空调通风系统工作异常检修作业，并填写表 3-5。

表 3-5　汽车空调通风系统工作异常检修表

检查项目	检查方式	检查结果	维修措施
鼓风机	将鼓风机开关置于 1 速、2 速、3 速、4 速，观察鼓风机转速是否有相应变化		
车内空气分配模式	选择每种送风模式和启动除霜控制，核实送风模式是否符合要求		
通风模式	置空气内外循环开关于内外循环，观察循环指示器是否点亮，倾听进气门位置的变化（可以听到鼓风机声音的微小改变）		
空调开关（仅手动形式）	将鼓风机控制开关置于所需位置（1～4 速），按下 A/C 键，开动空调，观察空调工作时（压缩机接合）指示灯亮		
温度下降情况	将温度控制旋钮选择至最冷位置（手动空调形式），在排风口检查冷风情况。如果是自动空调形式，按 TEMP 温度下降键将温度下降至显示屏显示出 18℃字样，检查出风口冷风情况		
温度升高情况	将温度控制旋钮选择至最热位置（手动空调形式）。在排风口检查热风情况。如果是自动空调形式，按 TEMP 温度上升键将温度上升至显示屏显示出 32℃字样，检查出风孔热风情况		
系统检查	检查空调系统正常工作时有无异响和异味		

【检查与考评】

记录员根据操作员的工作过程评分，具体评分细则见表 3-6。

表 3-6　汽车空调通风系统考核评价

考核内容	考核要求	评分标准	配分	得分	
				自评	互评
1. 作业环境检查	正确检查作业环境，填写作业环境检查表	错误一处扣 2 分	10		

（续）

考核内容	考核要求	评分标准	配分	得分	
				自评	互评
2. 车辆基本检查	1）正确放置车轮挡块 2）正确安装座椅套、转向盘套、变速杆手柄套、脚垫、翼子板护围 3）正确检查仪器、设备、工量具数量 4）检查线束连接不少于5处 5）正确检查发动机机油液位 6）正确检查冷却液液位 7）正确检查蓄电池电压 8）正确填写作业记录表	错误一处扣2分	20		
3. 车辆基本信息检查	正确记录车辆基本信息	错误一处扣5分	10		
4. 汽车空调通风系统检查	1）能正确检测鼓风机工作情况 2）能正确检查车内空气分配模式 3）能正确检测通风模式 4）能正确检查空调开关工作情况 5）能正确检查空调温度上升情况 6）能正确检查空调问题下降情况 7）能正确检查空调系统是否有异味、异响	错误一处扣7分	40		
5. 职业素养	1）学习态度：积极主动参与学习 2）团队合作：与小组成员一起分工合作，不影响学习进度 3）现场管理：服从工位安排、执行实训室管理规定	不足之处扣3分	10		
6. 安全文明生产	自觉遵守安全文明生产规程	违反一项规定扣5分	10		
合计	—	—	100		
操作时间	开始时间：　　结束时间：　　实际用时：				

【评价反馈】

按表3-7评价本次任务完成的情况。

表3-7　评价反馈表

项　目	评价内容	评价等级（学生自评）		
		A	B	C
关键能力考核项目	遵守纪律、遵守学习场所管理规定，服从安排			
	安全意识、责任意识，6S管理意识，注重节约，节能与环保			
	学习态度积极主动，能参加实习安排的活动			
	团队合作意识，注重沟通，能自主学习及相互协作			
	仪容仪表符合活动要求			

（续）

项　目	评 价 内 容	评价等级（学生自评）		
		A	B	C
专业能力考核项目	按时按要求独立完成工作页			
	工具、设备选择得当，使用符合技术要求			
	操作规范，符合要求			
	学习准备充分、齐全			
	注重工作效率与工作质量			
小组评语及建议		组长签名： 年　月　日		
教师评语及建议		教师签名： 年　月　日		

【知识巩固】

一、判断题

（　　）1. 当风扇电路因接触不良引起电压过低，对风扇转速影响不大。

（　　）2. 空调系统通风管路有微小泄漏对制冷效果没有影响。

二、单选题

1. 汽车空调的通风方法有（　　）。

A. 自然通风　　B. 强制通风　　C. 顶面通风法　　D. A、B 都是

2. 汽车空调设备的制冷剂主要是（　　）。

A. R12　　B. R22　　C. R134　　D. R134a

任务 2
汽车空调制冷系统泄漏检修

【任务描述】

一辆宝骏 510 汽车，车主反映其空调出风口温度偏高，经维修技师对系统进行检查初步判断为空调系统管路有漏气现象，需要对其进行检漏，今天我们的学习任务就是对汽车空调系统进行泄漏检修。

【学习目标】

1. 掌握空调制冷系统的检漏方法；
2. 学会对空调制冷系统进行泄漏故障排除。

【学习重点】

能利用检漏设备对空调制冷系统进行检漏。

【学习难点】

学会对空调制冷系统进行泄漏故障检修。

【相关知识】

汽车空调系统工作条件比较恶劣，其制冷系统一直随汽车工作处于振动的工况下，极易造成部件、管道损坏和接头松动，使制冷剂发生泄漏。制冷剂泄漏是空调使用中最为常见的故障，制冷剂有的需要一年添加一次，有的可能 2 个月添加一次，制冷剂泄漏容易造成环境污染以及增加车主维护车辆的费用。

一、制冷系统常见泄漏部位（表 3-8）

表 3-8　空调系统常见泄漏部位

部　件	泄漏常发部位	部　件	泄漏常发部位
冷凝器	1）冷凝器进管和出管连接处 2）冷凝器盘管	制冷剂管道	1）高、低压软管 2）高、低压软管各接头处
蒸发器	1）蒸发器进气管和出口管连接处 2）蒸发器盘管 3）膨胀阀	压缩机	1）压缩机油封 2）压缩机吸排气阀处 3）前后盖密封处 4）与制冷剂管道接头处

（续）

部　件	泄漏常发部位	部　件	泄漏常发部位
储液干燥瓶	1）熔塞 2）道接头喇叭口处	高低压阀	高低压维修阀

二、制冷系统常见检漏方法

由于制冷剂无色、无味，所以对制冷剂的检漏存在一定的困难。目前，制冷剂的检漏常见有目测检漏、肥皂泡沫法检漏、电子检漏仪检漏和荧光检漏等方法。

1. 目测检漏

因为汽车空调中所采用的压缩机油（冷冻油）是与制冷剂互溶的，因而可根据制冷系统及其连接软管等零件的表面和连接处是否出现油迹，来判断制冷剂的逸出部位。

2. 肥皂泡沫检漏

要想确定细微漏点，皂泡检漏是个比较有效的方法。有些漏点局部凹陷，试漏灯或电子检测器械很难进入，要想确定泄漏的准确位置，应采用皂泡检漏。

将有一定浓度的肥皂水（可用肥皂削碎，也可用肥皂粉）涂抹在受检处。若零件表面有油迹，要事先擦净。若是检查接头处，要整圈均匀涂上。仔细全面地观察，若有气泡或鼓泡，则可判断为有泄漏。在制冷系统低压侧管道检漏，应使压缩机停止工作；在高压侧检漏时，不受限制。这种方法比较经济、实用，适用于暴露在外表，人眼能看得到的部位，但精度较差，不能检查微漏。

3. 电子卤素检漏仪

电子卤素检漏仪是一种非常精密的检漏设备，它主要是由探头、卤素检测原件、放大器、微安表和蜂鸣器组成。其工作原理是利用阴阳两极作用构成一个电场，通过阴极发热产生电子和正离子，然后利用微型风扇将被探测处的空气吸入电场，如果被吸入的空气中含有卤素，那么通过发热的阴极就可以分解出卤化气体，同时阴极所释放的离子就会增加，因此可以通过离子电流的变化来确定漏氟的多少，如果检测数值大于正常显示值，那么蜂鸣器就会发出音响信号。博世 TIFXP-1A 型电子卤素检漏仪外观如图 3-5 所示，操作面板如图 3-6 所示，各按键的说明如下：

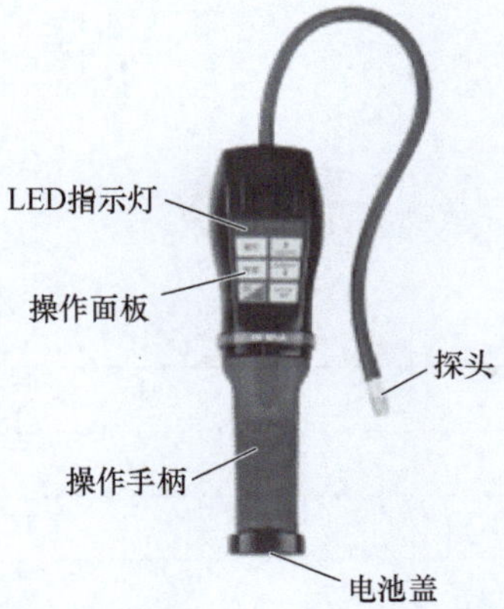

图 3-5　博世 TIFXP-1A 型电子卤素检漏仪

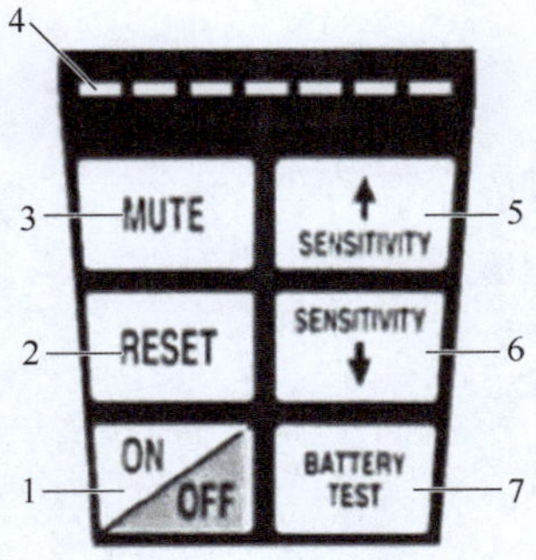

图 3-6　电子卤素检漏仪操作面板

1）电源键。用于打开和关闭仪器。

2）重设键。利用该键可以找到泄漏的源头。当检测到有泄漏时按下该键，继续检测，直到检测到比原来浓度更大的地方才会再次报警，这样按顺序进行下去即可精确地找到泄漏的源头。

3）静音键。按下静音键不再声音报警，而是 LED 灯闪烁。

4）LED 指示灯。LED 指示灯的功能有三个：

① 显示电池电量，最左边的灯是常亮的，绿色表示电量充足，橙色表示不足，红色表示立即更换。

② 显示泄漏的大小和强弱，显示绿色表明泄漏较小，橙色表明泄漏一般，红色表示泄漏很大。

5）灵敏度选择键。用于调高灵敏度，分为 7 个等级，等级越高 LED 灯亮的数目越多。

6）灵敏度选择键。用于调低灵敏度，分为 7 个等级，等级越低 LED 灯亮的数目越少。

7）电池测试键。按下电池测试键，指示灯点亮的颜色表示不同的电池电量。

4. 荧光检漏

荧光检漏利用荧光检漏剂在紫外/蓝光检漏灯照射下，会发出明亮的黄绿色光的原理，对各类系统中的流体渗漏进行检测。使用时，只需将荧光剂按一定比例加入到系统中，系统运行 20min。戴上专用眼镜，用检漏灯照射系统的外部，泄漏处将呈黄绿色荧光。荧光检漏的优点是定位准确，渗漏点可以直接用眼睛看到，而且使用简单，携带方便，检修成本较低，具有预防控制泄漏的作用，图 3-7 为博世 16350 型荧光式检漏仪。

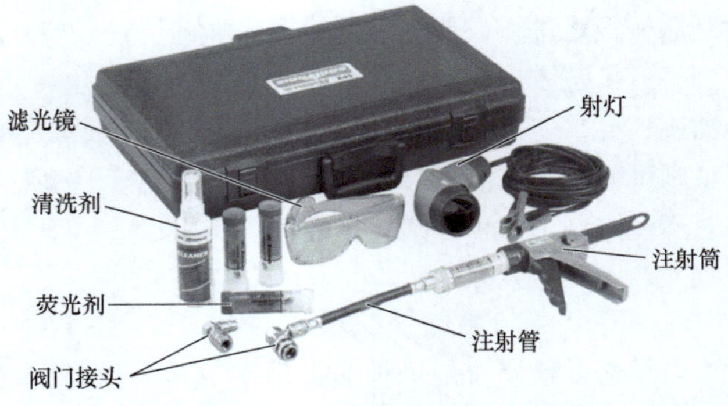

图 3-7 博世 16350 型荧光式检漏仪

【信息收集】

一、今天我们的学习任务是什么？

二、为顺利完成本学习任务，请按要求完成下列信息的收集。

1. 维修车辆的型号：______________
2. 冷凝器常见的泄漏点：______________________________
3. 蒸发器常见的泄漏点：______________________________
4. 压缩机常见的泄漏点：______________________________
5. 制冷系统管路常见的泄漏点：__________________________
6. 汽车空调制冷系统检漏的方法有：________________________

____

【制订计划】

请根据车主描述的现象和任务要求，确定所需的维护仪器、工具，并对小组成员进行合理分工，制订详细的检修计划。

1. 请在表3-9中选择在检修中可能用到的工量具（在对应的选项中打√即可）。

表3-9 可能用到的工具表

工量具名称	选择	
电子检漏仪	□可能	□不可能
空调压力表	□可能	□不可能
抹布	□可能	□不可能
手套	□可能	□不可能
万用表	□可能	□不可能
手电筒	□可能	□不可能
肥皂泡沫水	□可能	□不可能
防护眼镜	□可能	□不可能
荧光检漏仪	□可能	□不可能
其他（请填写具体名称）		

2. 明确成员的工作任务，完成表3-10中的内容。

表3-10 小组成员分工表

序号	组长	记录员	操作员	备注

3. 空调制冷系统泄漏检修计划：

1）肥皂泡沫检漏步骤：______________________________

____

____

2）电子卤素检漏仪检漏步骤：__________________________

____

____

3）荧光检漏步骤：______________________________________

____

____

4）选用工具：____

____

【实施计划】

一、作业前的准备

1. 进行作业环境检查

汽车空调在进行检修作业时，需要起动发动机，为确保人身与财产安全，在开始作业之前，请检查作业场地条件，并填写表 3-11，以保证作业的安全与规范。

表 3-11　作业环境检查表

序　号	检查项目与内容	检 查 结 果
1	作业场地是否通风良好	
2	作业场地有无明火	
3	作业场地有必要的安全防护设施，如防护手套、防护眼镜、灭火器材等	
4	车辆停放周正，车辆停放区域内无异物	

2. 安装车辆防护装置，记录车辆基本信息

在进行汽车空调维护作业之前，首先要记录车辆的基本信息，同时安装必要的车辆防护装置，将结果填入表 3-12 中。

表 3-12　车辆基本信息记录表

序号	项　目	作业记录	序号	项　目	作业记录
1	车轮挡块放置状况		4	各线束连接状况	
2	座椅套、转向盘套、变速杆手柄套、脚垫、翼子板护围安装状况		5	发动机机油液位	
			6	冷却液液位	
3	仪器、设备、工量具数量		7	蓄电池电压	

二、肥皂泡沫法检漏

把肥皂溶液涂在所有接头处和（或）疑似有泄漏的地方。重点检查渗漏的部位是：

1）各个管路接头及阀门连接处。

2）全部软管，尤其在管接头附近察看有无鼓泡、裂纹、油渍。

3）压缩机轴封、前后盖板、密封垫、检修阀等处。

4）冷凝器表面被刮坏、压扁、碰伤处。

5）蒸发器表面被刮坏、压扁、碰伤处。

6）膨胀阀的进出口连接处，膜盒周边焊接处，以及感温包与膜盒焊接处。

7）储液干燥器的易熔塞、视镜、高低压阀连接处。

8）歧管压力表组件（如果安装的话）的连接头、手动阀及软管处。

检查结果：________________________________。

三、电子检漏仪检漏

1）用眼睛查看制冷系统各部位（特别是管接头）是否沾有带油的灰尘。

查看结果：________________________________。

2）使用空调压力表测量空调制冷系统压力，检查结果：____________kPa。

注意：当系统压力大于 350 kPa 时，才能使用电子卤素检漏仪对制冷系统进行检漏。

3）取博世 TIFXP-1A 型电子卤素检漏仪，按电源键开机。

4）按灵敏度选择键，调节灵敏度，使第一个 LED 灯点亮，其他 LED 灯熄灭，仪器发出频度不高的声音。

5）将仪器的探头指向被检区域（不要接触），若点亮的 LED 灯增多，声音频率增高，则说明有泄漏现象。

6）当检测到泄漏时按下重设键，继续检测，直到检测到比原来浓度更大的地方才会再次报警。

注意：为了保证检测的准确性，应对每个容易泄漏点检查 2～3 次，每个点应停留至少 5s。

检查结果：____。

四、荧光检漏

1）连接方法：将荧光剂瓶的封口拉开，荧光剂瓶与注射管连接，顺时针旋转、拧紧。安装荧光剂瓶与注射枪。

2）加注荧光剂，确保管路中无压力。

3）注射荧光剂，小型车辆的注射量为 1 格，中型车辆的注射量为 2 格。

4）连接射灯，红色夹子接蓄电池______________，黑色夹子接蓄电池______________。

5）戴上滤光镜。

6）查找漏点，加注制冷剂。空调系统运行 15min 以上，以便荧光剂与制冷剂充分混合，照射时如果看到荧光说明有泄漏。

检查结果：____。

【检查与考评】

记录员根据操作员的工作过程评分，具体评分细则见表 3-13。

表 3-13　汽车空调制冷系统泄漏检修考核评价

考核内容	考核要求	评分标准	配分	得分	
				自评	互评
1. 作业环境检查	正确检查作业环境，填写作业环境检查表	错误一处扣 2 分	10		
2. 车辆基本检查	1）正确放置车轮挡块 2）正确安装座椅套、转向盘套、变速杆手柄套、脚垫、翼子板护围 3）正确检查仪器、设备、工量具数量 4）检查线束连接不少于 5 处 5）正确检查发动机机油液位 6）正确检查冷却液液位 7）正确检查蓄电池电压 8）正确填写作业记录表	错误一处扣 2 分	20		
3. 车辆基本信息检查	正确记录车辆基本信息	错误一处扣 5 分	10		

（续）

考核内容	考核要求	评分标准	配分	得分	
				自评	互评
4. 空调制冷系统泄漏检修	1）能正确用肥皂泡沫检漏 2）能正确使用电子检漏仪检漏 3）能正确使用荧光粉进行检漏 4）能找出一处泄漏 5）能找出两处泄漏 6）能找出三处泄漏	错误一处扣8分	40		
5. 职业素养	1）学习态度：积极主动参与学习 2）团队合作：与小组成员一起分工合作，不影响学习进度 3）现场管理：服从工位安排、执行实训室管理规定	不足之处扣3分	10		
6. 安全文明生产	自觉遵守安全文明生产规程	违反一项规定扣5分	10		
合计	—	—	100		
操作时间	开始时间：　　结束时间：　　实际用时：				

【评价反馈】

按表3-14评价本次任务完成的情况。

表3-14　评价反馈表

项　目	评价内容	评价等级（学生自评）		
		A	B	C
关键能力考核项目	遵守纪律、遵守学习场所管理规定，服从安排			
	安全意识、责任意识，6S管理意识，注重节约，节能与环保			
	学习态度积极主动，能参加实习安排的活动			
	团队合作意识，注重沟通，能自主学习及相互协作			
	仪容仪表符合活动要求			
专业能力考核项目	按时按要求独立完成工作页			
	工具、设备选择得当，使用符合技术要求			
	操作规范，符合要求			
	学习准备充分、齐全			
	注重工作效率与工作质量			
小组评语及建议		组长签名： 年　月　日		
教师评语及建议		教师签名： 年　月　日		

【知识巩固】

一、判断题

(　　) 1. 观察视液镜，如视液镜清晰，肯定系统内制冷剂不足或没有。

(　　) 2. 检查制冷剂量时，歧管压力表的压力正常则系统内的制冷剂是正常。

二、单选题

1. 检修空调时可以用加压法检漏，最好注入（　　）。

A. 氧气　　B. 空气　　C. 二氧化碳　　D. 氮气

2. 下列不是空调系统检漏方法的是（　　）。

A. 肥皂液　　B. 电子检漏仪　　C. 着色剂　　D. 电灯法

3. 用歧管压力表诊断制冷系统，低压侧压力负值的原因是（　　）。

A. 干燥瓶堵塞　　B. 冷凝管散热不良　　C. 制冷剂过少　　D. 膨胀阀结冰

4. 开启空调开关后，视液镜的气泡，并在 3 ~ 5min 内消失，则制冷剂量是（　　）。

A. 过多的　　B. 过少的　　C. 合适的　　D. 以上都不对

5. A/C 工作时，从视液镜上能看到条纹，则为（　　）过多。

A. 机油　　B. 冷冻机油　　C. 制冷剂　　D. 水分

任务 3
汽车空调制冷系统压力异常检修

【任务描述】

一辆宝骏 510 汽车，最近客户反映其空调制冷效果不好，经汽车维修技师利用压力表检查，确认为空调压力异常所致。现在，我们的学习任务就是对汽车空调系统压力异常进行检修，并找到故障原因，并排除故障。

【学习目标】

1. 能利用空调压力表测量空调系统压力；
2. 能通过空调系统压力分析其故障原因。

【学习重点】

能利用空调压力表测量空调系统压力。

【学习难点】

能通过空调系统压力分析其故障原因。

【相关知识】

汽车空调制冷系统压力异常检修是汽车空调维修维护的重要部分，在生产实践中起着非常重要的作用。本任务以宝骏 510 汽车手动空调为载体，主要学习汽车空调制冷系统压力检测、压力异常分析。

一、压力的基本概念与单位

单位面积上所受的作用力称为压强，工程上称为压力，常用 p 表示，本书采用压力这一名称。压力的国标单位是帕斯卡，简称帕，用 Pa 表示。

$$1\text{Pa} = 1\text{N/m}^2$$

压力常用的单位有千帕（kPa）、兆帕（MPa）、巴（bar）及标准大气压等，它们之间的换算关系见表 3-15。

表 3-15　压力单位换算关系

1psi = 6.89kPa	1bar = 100kPa	1bar = 14.5psi
1kgf/cm^2 = 100kPa = 0.1MPa	1atm = 101.325kPa	1kgf/cm^2 = 14.23psi

二、汽车空调歧管压力表

1. 歧管压力表

歧管压力表是汽车空调系统维护与检修的重要工具，用来检测空调制冷系统的高、低压侧的压力，以确定空调系统的工作状况，判断制冷系统故障的原因。歧管压力表如图 3-8 所示，低压表既用于显示压力也用于显示真空度，高压表仅用于显示压力。通过两个手动阀门和三根软管的组合作用，使歧管压力表具有四种功能，详见表 3-16。

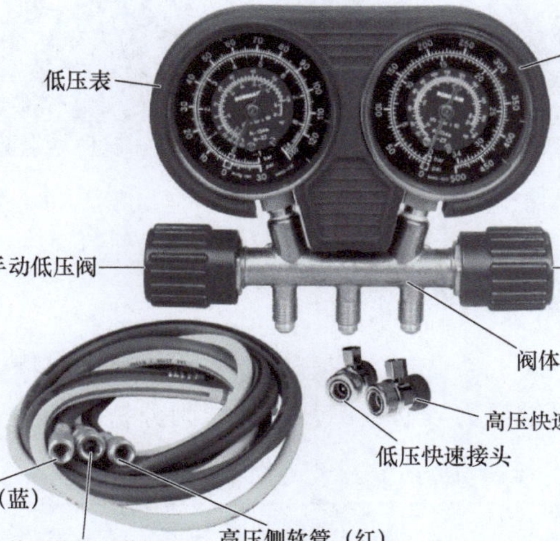

图 3-8 歧管压力表的结构

表 3-16 歧管压力表的功能

序号	图示	高、低压阀位置	功能
1	a	高、低压阀门同时关闭	制冷系统压力检测
2	b	高、低压阀门同时开	制冷系统抽真空
3	c	低压阀门开、高压阀门关	制冷系统加注制冷剂或加注冷冻机油
4	d	低压阀门关、高压阀门开	制冷系统检漏及快速加注

注：高、低压阀门开，是指高、低压表分别与制冷系统及中间管接头相通；高、低压阀门关，是指高、低压表与中间管接头不通，但分别与制冷系统相通。

2. 使用时注意事项

1）歧管压力表是精密仪表，必须细心维护，不得损坏，且要保持清洁；

2）不使用时，要防止水或脏物进入软管；使用时要把管中的空气排出；

3）压力表接头与软管连接时，只能用手拧紧，不能用工具拧紧；

4）高、低压软管不能混用，低压软管一定不能接入高压系统中。

3. 空调压力测量方法

1）将高、低压手动阀关闭并连接空调制冷系统压缩机吸、排气维修阀。红色软管接高压侧，蓝色软管接低压侧，如图 3-9 所示。

2）起动发动机，使发动机的转速保持在 1250～1500r/min；置空调控制板上的功能选择键在 A/C 位置，温度键置于最低位置，风速键置于最高位置，发动机达正常工作温度后进行测量并记录，正常的高压侧压力约为 1.5MPa，低压侧压力约为 0.2MPa，如图 3-10 所示。

图 3-9 连接空调高低压管路

图 3-10 按下空调 A/C 开关

三、汽车空调系统压力异常分析

汽车空调系统发生故障时，系统压力值会发生变化，可以根据变化的压力值诊断空调系统的故障，汽车空调制冷系统压力异常故障现象、原因分析、处理方法见表 3-17。

表 3-17 汽车空调制冷系统压力异常故障现象、原因分析、处理方法

状态（歧管压力表显示）	故障现象	原因分析	处理方法
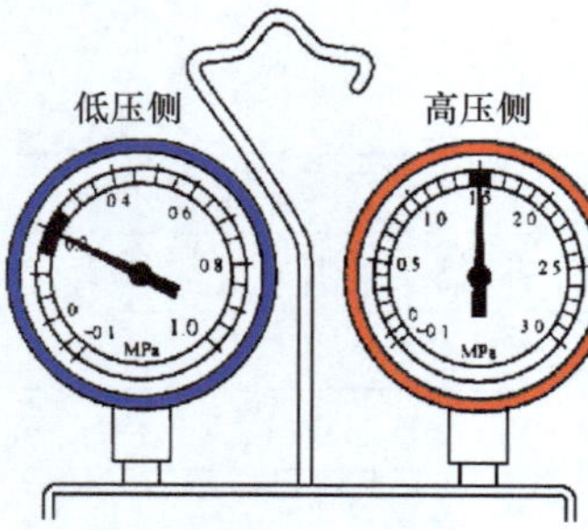	低压侧压力为 0.15 ~ 0.25MPa 高压测压力为 1.35 ~ 1.55MPa	压力指示会随着气温、散热条件、转速等因素略有浮动	系统正常
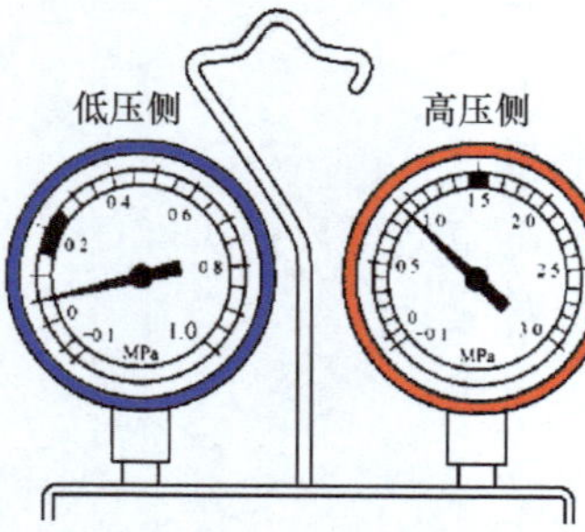	高、低压表都低	1）制冷剂不足 2）制冷剂有泄漏	1）检漏、抽真空 2）加注制冷剂

（续）

状态（歧管压力表显示）	故障现象	原因分析	处理方法
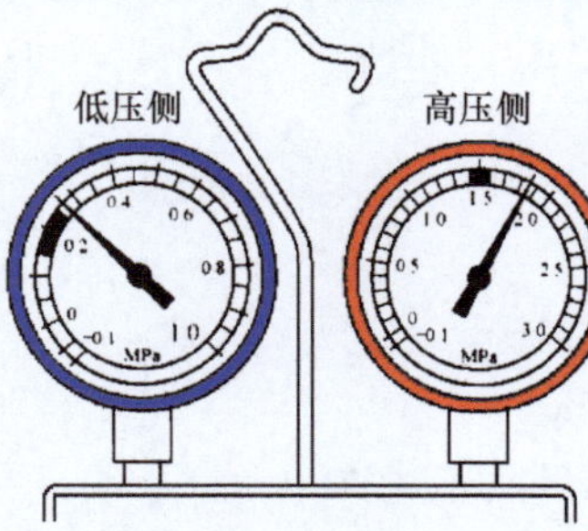	高、低压表都高	1）制冷剂过多 2）冷凝器散热不良 3）系统中混入空气	1）检查冷凝器是否堵塞 2）放出一些制冷剂
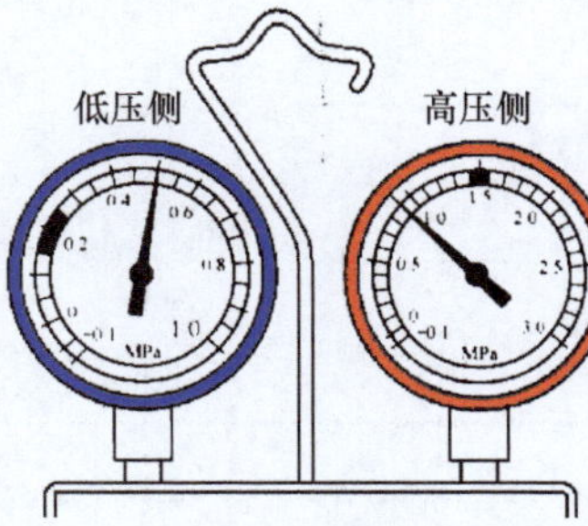	高压表低、低压表高	压缩机故障	检查压缩机是否工作
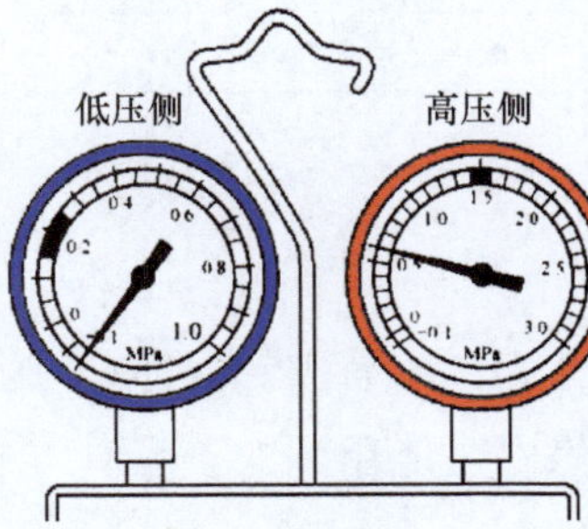	高压表低、低压表真空	膨胀阀或膨胀管堵塞	更换膨胀阀或膨胀管
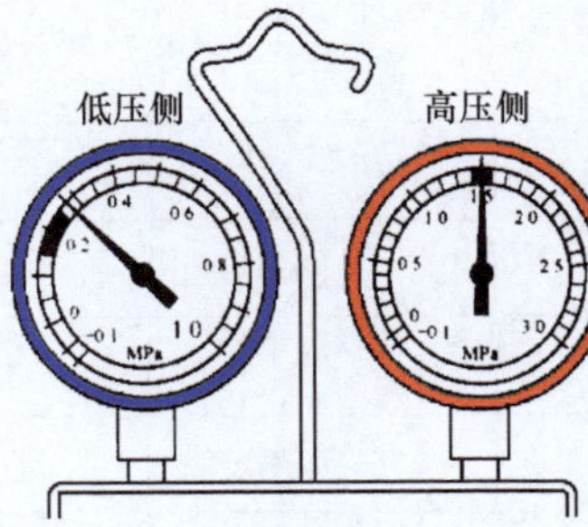	高压正常、低压高	1）膨胀阀开度过大 2）蒸发器结霜，温控开关损坏	更换膨胀阀或温控开关
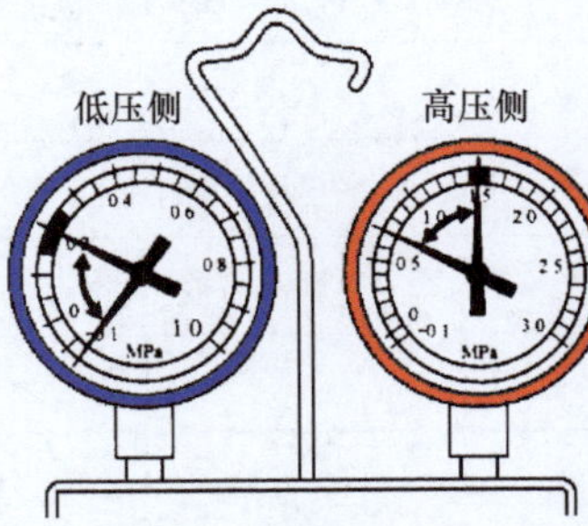	高低压表针跳动忽高忽低	1）系统中有水分 2）水在膨胀阀处结冰	1）更换储液干燥瓶 2）抽真空

【信息收集】

一、今天我们的学习任务是什么？

二、为顺利完成本学习任务，请按要求完成下列信息的收集。

1. 维修车辆的车型：________________
2. 实训车制冷剂的型号：________________
3. 实训车加注制冷剂量：_______________________
4. 正常的空调系统压力：高压________________，低压________________
5. 空调压力表蓝色是________________压表，红色的是________________压表。
6. 空调系统高压侧接________________软管，低压侧接________________软管。
7. 空调系统压力检测的条件有：

____

____

____

____

____

【制订计划】

1. 请根据车主描述的现象和任务要求，确定所需的维护仪器、工具，并对小组成员进行合理分工，制订详细的检修计划。请在表3-18中选择在检修中可能用到的工量具（在对应的选项中打√即可）。

表3-18 可能用到的工量具

工量具名称	选择	
150件套	□可能	□不可能
空调压力表	□可能	□不可能
抹布	□可能	□不可能
手套	□可能	□不可能
真空泵	□可能	□不可能
万用表	□可能	□不可能
手电筒	□可能	□不可能
其他（请填写具体名称）		

2. 明确成员的工作任务，完成表3-19中的内容。

表 3-19　小组成员分工表

序　号	组　长	记 录 员	操 作 员	备　注

3. 空调系统压力异常检修计划：

1）空调系统压力测量步骤：________________________________

____

____

2）空调系统压力异常分析：________________________________

____

____

3）选用工具：____

____

【实施计划】

一、作业前的准备

1. 进行作业环境检查

汽车空调在进行检修作业时，需要起动发动机。为确保人身与财产安全，在开始作业之前，请检查作业场地条件，并填写表 3-20，以保证作业的安全与规范。

表 3-20　作业环境检查表

序　号	检查项目与内容	检 查 结 果
1	作业场地是否通风良好	
2	作业场地有无明火	
3	作业场地有必要的安全防护设施，如防护手套、防护眼镜、灭火器材等	
4	车辆停放周正，车辆停放区域内无异物	

2. 安装车辆防护装置，记录车辆基本信息

在进行汽车空调维护作业之前，首先要记录车辆的基本信息，同时安装必要的车辆防护装置，将结果填入表 3-21 中。

表 3-21　车辆基本信息记录表

序号	项　目	作业记录	序号	项　目	作业记录
1	车轮挡块放置状况		4	各线束连接状况	
2	座椅套、转向盘套、变速杆手柄套、脚垫、翼子板护围安装状况		5	发动机机油液位	
			6	冷却液液位	
3	仪器、设备、工量具数量		7	蓄电池电压	

二、汽车空调系统压力测量

1. 检查压力表组（压力表、软管、快速接头）完整性；
2. 连接高低压管、快速接头；
3. 打开高低压工作阀；
4. 静态读数____________；
5. 起动发动机，使发动机的转速保持在____________r/min；
6. 置空调控制板上的功能选择键在____________位置；
7. 温度键于____________位置，风速键于____________位置，发动机达正常工作温度后压力表组高压读数____________，低压表读数____________。

三、汽车空调系统压力异常分析

1. 空调系统高低压表都低

原因：制冷剂不足，制冷剂有泄漏。

处理：____________，抽真空，加注制冷剂。

2. 空调系统高低压表都高

原因：制冷剂过多，冷凝器散热不良，系统中混入空气。

处理：检查冷凝器是否____________；放出一些制冷剂。

3. 空调系统高压表低、低压表高

原因：压缩机故障。

处理：检查压缩机是否工作。

4. 空调系统高压表低、低压表真空

原因：膨胀阀或膨胀管堵塞。

处理：________________________。

5. 空调系统高压正常、低压高

原因：膨胀阀开度过大、蒸发器结霜，温控开关损坏。

处理：更换________________________。

6. 空调系统高低压表针跳动忽高忽低

原因：系统中有水分，水在膨胀阀处结冰。

处理：更换____________________，抽真空。

【检查与考评】

记录员根据操作员的工作过程评分，具体评分细则如表3-22。

表3-22　汽车空调压力异常考核评价表

考核内容	考核要求	评分标准	配分	得分	
				自评	互评
1. 作业环境检查	正确检查作业环境，填写作业环境检查表	错误一处扣2分	10		

（续）

考核内容	考核要求	评分标准	配分	得分	
				自评	互评
2. 车辆基本检查	1）正确放置车轮挡块 2）正确安装座椅套、转向盘套、变速杆手柄套、脚垫、翼子板护围 3）正确检查仪器、设备、工量具数量 4）检查线束连接不少于5处 5）正确检查发动机机油液位 6）正确检查冷却液液位 7）正确检查蓄电池电压 8）正确填写作业记录表	错误一处扣2分	20		
3. 车辆基本信息检查	正确记录车辆基本信息	错误一处扣5分	10		
4. 空调系统压力异常检修	1）正确使用工量具 2）正确使用压力表 3）正确测量空调系统压力 4）正确读取空调系统压力 5）正确分析空调压力 6）正确处理压力异常	错误一处扣8分	40		
5. 职业素养	1）学习态度：积极主动参与学习 2）团队合作：与小组成员一起分工合作，不影响学习进度 3）现场管理：服从工位安排、执行实训室管理规定	不足之处扣3分	10		
6. 安全文明生产	自觉遵守安全文明生产规程	违反一项规定扣5分	10		
合计	—	—	100		
操作时间	开始时间：　　结束时间：	实际用时：			

【评价反馈】

按表3-23评价本次任务完成的情况。

表3-23　评价反馈表

项　目	评价内容	评价等级（学生自评）		
		A	B	C
关键能力考核项目	遵守纪律、遵守学习场所管理规定，服从安排			
	安全意识、责任意识，6S管理意识，注重节约，节能与环保			
	学习态度积极主动，能参加实习安排的活动			
	团队合作意识，注重沟通，能自主学习及相互协作			
	仪容仪表符合活动要求			

（续）

项　目	评价内容	评价等级（学生自评）		
		A	B	C
专业能力考核项目	按时按要求独立完成工作页			
	工具、设备选择得当，使用符合技术要求			
	操作规范，符合要求			
	学习准备充分、齐全			
	注重工作效率与工作质量			
小组评语及建议		组长签名： 年　月　日		
教师评语及建议		教师签名： 年　月　日		

【知识巩固】

一、判断题

（　　）1. 压缩机是空调系统高、低压侧的分界点。

（　　）2. 空调系统加注制冷剂即可以从系统的高压端加注，也可以从低压端加注。

二、单选题

1. 空调系统工作时，若蒸发器内制冷剂不足，离开蒸发器的制冷剂会是以下哪一种状态？（　　）

A. 高于正常压力，温度较低　　B. 低于正常压力，温度较高

C. 高于正常压力，温度较高　　D. 低于正常压力，温度较低

2. 下列不是空调系统检漏方法的是（　　）。

A. 肥皂液　　B. 电子检漏仪　　C. 着色剂　　D. 电灯法

3. 甲说：肥皂水检漏只能用于空调系统低压侧；乙说：空调系统不工作时，肥皂水检漏既可用于低压侧也可用于高压侧。谁正确？（　　）

A. 甲正确　　B. 乙正确　　C. 两人均正确　　D. 两人均不正确

4. 大多数空调系统中都设有检修阀，分别安装在高压侧和低压侧，下列属于检修阀的是（　　）

A. 气门阀和手动阀　B. 电磁阀　　C. 旁通阀　　D. 节流阀

5. 现代汽车空调采用的制冷剂是（　　）。

A. R12　　B. R22　　C. R134a　　D. R21

参 考 文 献

[1] 邓锦军. 汽车空调检测与维修工作页 [M]. 北京：现代教育出版社，2017.
[2] 任惠珠. 汽车空调构造与维修 [M]. 北京：中国劳动社会保障出版社，2007.
[3] 谭本忠. 汽车空调原理与维修 [M]. 济南：山东科学技术出版社，2010.
[4] 曹永明. 汽车空调构造与维修 [M]. 北京：机械工业出版社，2014.
[5] 殷振波，李云杰. 汽车空调系统构造与维修 [M]. 北京：机械工业出版社，2016.